土井高徳 *Doi Takanori*

虐待・非行・発達障害
困難を抱える子どもへの理解と対応

～土井ファミリーホームの実践の記録～

福村出版

はじめに

　ある調査によれば、ホームレスの三割が児童養護施設経験者であったといいます。彼らは、単に家がない（ハウスレス：物理的困窮）だけでなく、家族の絆《きずな》や周囲との関係性を遮断《しゃだん》され喪《そう》失《しっ》している（ホームレス：関係性の困窮）という、あるホームレス支援者の言葉は、まことに当を得ていると考えます。

　わが家にやってくる子どもたちのほとんどは、養育者の度重なる変更や家族の離散など深刻な分離・喪失体験を有しています。三度、四度と養育者が代わることは、子どもたちに大きな心理的混乱をもたらしたでしょうし、家庭や友人、学校や住み慣れた地域から引き離された経験は、子どもの心に大きな悲しみと深い傷を与えたに違いありません。

　このような家族の絆が失われ、社会全体に人と人との繋がりが希薄化し、人間関係の豊かさや道徳的な連帯が失われていることが、今日の社会の重篤な病といえましょう。人々の社会的な連帯や統合に向かおうとするベクトルと社会的分断や排除に向かおうとする動きが拮抗《きっこう》するどころか、後者に向かうのではないかという不安が社会全体を重苦しくしています。

こうした関係性の困窮《こんきゅう》や喪失だけでなく、わが家にやってくる子どもたちは、本来守ってくれるべき養育者からの激しい虐待、なかにはわが家に来る以前の児童福祉施設で、長期にわたる施設内虐待を体験しています。その激しさは壮絶で筆舌に尽くしがたいものがあります。あまりの悲惨さに新聞連載では、抑制した筆致で描かざるを得ませんでした。共感性に富んだ読者なら、きっと子どもたちの悲しみに気づいてくれるに違いない。私の胸の痛みとともに、さりげなく行間に忍ばせてきました。

それと同時に、わが家で生活した子どもの七割に発達障害が見られます。家庭内の虐待や学校でのいじめなどの迫害体験のうえ、発達障害に対する適切な理解と対応を欠いたため、周囲が常に自分を迫害しているといった被害的な認知の固定化を起こしていることが少なくありません。こうした結果、学校や家庭で不適応を引き起こし、それが増悪し、二次障害として解離性症状や睡眠障害などの精神医学的症状、激しい非行などの行動化が観察されます。社会を漂流し、わが家にたどりついた子どもたちは、このような深刻な発達上の課題を抱えてやってきます。

ところで、わが家の暮らしはなにか他の家と異なることがあるのかと問われれば、血縁ではない子どもたちや年長者が「拡大家族」として暮らしている以外に、基本的にはなんら変わるところはありません。毎日、土井家で営まれる「くらし」は、昨日も今日も明日に続く「家族の生活」なのです。朝起きれば、「おはよう」と応じ、台所からは味噌汁のにおいと心地よく聞こえる包丁の音が、今日も聞こえる毎日なのです。こうした平凡で変わらぬ毎日こそが、同じ確かな大人が子どものニーズに応答を続けるという対象恒常性や安定した愛着と信頼関係を保障されないために、安全感のある生活それ自体を剥奪《はくだつ》されてきた子どもたちにまず求められていると考えています。

それと同時に、激しい虐待を受けた結果、著しい対人不信や被害的な認知の固定化を起こしている子どもには、新しい関係性の創造を通して絆を強め、孤立無援でないことを理解させ、主体的な力量を身につけさせる働きかけは欠かせません。また、メタ認知能力や実行機能に脆《ぜい》弱《じゃく》さを有する発達障害の子どもには、毎日の暮らし全体に見通しのよい「生活の構造化」が求められてきたのも事実です。こうしたことから、本書では「土井ホームの実践構造」としての毎日の取り組みを三段階に分けて示し、それぞれに子どものエピソードと解説を付して示しました。

本書を通じて、現に「子ども臨床」に関わる人々だけでなく、学生や院生のみなさん、そして現在子育て中の方々、広く子どものありように関心のある皆様に、困難を抱える子どもへの理解と適切な対応が広がることを期待するとともに、こうした子どもたちへの関わりのヒントになり、併せてその支援モデルになれば幸いです。

本書では、少年司法の観点からわが国の青少年が置かれた現状と土井ホームの実践の到達点と今後の課題に関して、九州大学准教授の武内謙治先生に「解説に代えて」を執筆していただきました。刑事政策や少年法に精通し、わが国のこれからの法学研究を領導する一人となるであろう武内先生の解説は、読者にさまざまな示唆を与えるものと確信しています。

刊行にあたっては、妻や家族に心から感謝したいと思います。深刻な発達上の課題を抱える子どもと二四時間の生活をともにしてくれている妻や家族の支えなしには、この本は生まれませんでした。

最後に、福村出版の西野瑠美子さん、源良典さんには、担当編集者としてお世話になりました。心からお礼申し上げます。

平成二二年六月

土井髙德

虐待・非行・発達障害　困難を抱える子どもへの理解と対応●目次

カバー・扉イラスト　河野修宏

第1部

土井ホームの子どもたち

1

生活モデルから生活スキルを学ぶ〈他律の段階〉

――生活訓練と安全な場の保障――

第１フェーズ

１．代替的な家族的ケアおよび安全な場の保障と強固な境界の設定

２．生活場面での生活スキルの獲得（モデリング）

３．視覚的提示を中心とした生活空間の治療・教育的な構造化

成長 コツコツと積み上げて

六月。父の日を前に、敬一が言う。

「お小遣いをためたので、食事に行きましょう」

うれしい申し出に、夫婦で思わず笑みがこぼれる。

「無理をしなくていいのよ。誕生日や母の日にもしてくれたじゃない」と、妻が言う。

「いえ、前からそのようにしたいと思っていたのです」と、敬一。

妻と敬一の好みが一致して、近所で評判のそば屋に出かけた。日曜の午後、店は家族連れでいっぱいであった。はたから見れば、私たちも食事に来た親子連れと見えたに違いない。席に着いた敬一が、学校生活などを能弁に語る。

三年遅れで入学した高校であったが、敬一には友だちは一人もいなかった。それどころか、担任教師の名前も顔も覚えていなかった。三者面談で妻と敬一が談笑するのを見て、担任は驚いた。敬一が他人と話すのをはじめて見たからだ。そんな敬一だが、入学して三年たったころには、低学力であった中学時代とは打って変わって、平均八〇点以上を採ってくるようになった。得意の科目では九八点。受け取った答案用紙をめくるたびに、だんだん成績の良いものが出てくるので、私が大仰《おおぎょう》に驚いてみせると、敬一は自慢げに小鼻を膨《ふく》らませながら説明を加えた。

「ほほう、たいしたもんだ」

私は敬一の説明を飽きずに聞いた後、「今回もよく頑張ったなぁ。はい、努力賞」と、胸ポケットから図書カードを出した。本が好きな敬一には、図書カードが何よりの励みだ。満面の笑みを浮かべ、手にしたカードを大事そうに財布にしまった。親から激しい虐待を受けた敬一は、長いこと食事を十分に取ることができなかった。一日一回の食事であるラーメンに、キャベツが一枚浮かんでいたらごちそうだったと語った。それさえない日には、コンビニの廃棄された弁当やごみ箱に捨てられた食べ物で空腹を満たした。そんな辛酸《しんさん》に満ちた毎日を、敬一は書店で立ち読みをすることで解消していた。だが、帰宅した敬一を、母親は「帰宅が遅い」と兄に殴らせた。

わが家にやってきた敬一は、毎月小遣いをもらえると知って目を輝かせた。もらった小遣いを、風呂に入るときにもビニール袋に入れて目を離さなかった。しかし、小遣いが上がるには、わが家の「自治活動」に参加する必要があった。敬一は、その根深い対人不信や、他人を避ける行動の克服を求められた。

時にはパニックを起こすこともあったが、交流をこなし、与えられた役割を果たすなかで評価を高めていった。そんな敬一のために、銀行口座を開設した。コツコツと金をためては本を買った。守銭奴と非難を浴びることもあったが、やがて変化が見え始め、同居の子どもの誕生日にプレゼントをするようになった。部屋に本が増えるにつれ、敬一は周囲の信頼をも積み上げていった。そんな長い苦難と漂泊、わが家にやって来た後の安心と確かな成長が、二〇〇八（平成二〇）年五月、ＮＨＫのドキュメンタリー番組「九州沖縄インサイド」で紹介された。大きな反響があり、七月にはＮＨＫ教育テレビ「福祉ネットワーク」で全国放送された。

先ごろ発表された二〇〇七（平成一九）年度の児童虐待相談対応件数は、ついに四万件を突破した。被虐待児が、子ども人口の二％を超えるという予測があるなかで、虐待防止策の充実は待ったなしである。過去の敬一を生みださないように、今日の敬一を育《はぐく》むように、社会全体での取り組みが求められている。

解説　発達障害児への支援の基本

敬一の場合、実親とは心の交流はかなわないことでした。それどころか、激しい身体的な暴力と長期のネグレクトに長期間さらされました。敬一の母親は二年ごとに三度の結婚と離婚を繰り返し、その生活を詳細に検討すると、母親自身にもなにか発達上の課題があったのではないかと推測されます。

とくに、敬一のように自閉性障害をもっていたために、その子育て中に親の愛情に反応を示さず、勝手にどこかに行ってしまうような、いわゆる「育てにくい子ども」は、親が不適切な養育に走る場合も少なくありません。

敬一に関して、入所の際に一度だけやってきた母親が「この子はどこかおかしいのです」と語ったのは、子育て中に困難を感じた母親の実感だったのでしょう。呼びかけても視線があわず、返事をしないことが、母親の落胆《らくたん》といらだちを呼んだことは容易に理解できます。乳幼児期の敬一を養育している母親に対して、社会の支援が望まれたケースであったといえましょう。その点で、敬一の家庭は、もっとも支援を必要としている人が社会的に孤立しているという、よくあるケースの一つでもありました。

それと同時に、敬一は「母親は所詮《しょせん》、同居している他人」という人間観で、苛酷な養育環境を凌《しの》いでいきました。母親との心の交流や愛着を示さなかったことで、母親の暴力や養育放棄による心の傷が少なくて済んだという側面があったともいえるのではないでしょうか。

それでは、広汎性発達障害を有する子どもとは、心の交流や愛着形成は不可能なのでしょうか。敬一のそば屋のできごとを描いた今回の物語が示すように、決してそうではありません。定型発達の子どもとは異なる道筋をたどりますし、その表現は異なるとはいえ、里親である私たちの代替的な家族ケア（里親養育・家庭的養護）を通じて、敬一は安定を見出し、実親とはできなかった交流を行い、愛着を示し、わが家に居場所を見出しました。適切な理解と対応を行うことによって、心の交流は可能といえましょう。

敬一は激しい虐待を受け、その深刻な後遺症を抱えているとともに、発達障害を有しているという二重の困難を抱えていました。このような敬一に対しては、「二度と傷つかない」という安全を保障するとともに、その障害特性に配慮した環境づくり（「構造化された環境」）がなにより求められました。

敬一には比較的聴覚的な指示が通じましたが、一般に発達障害を抱える子どもに有効とされる「視覚的な提示」を心がけました。具体的には、日課表や行動評価表を張り出して、敬一の目標と頑張りを目に見えるようにしたことです。

また、毎日の日課をできるだけ変更しないように努めました。予定の作業が早く終わっても新たな作業を入れずに、可能な限り予定のスケジュールを守るようにしました。仮にスケジュールの変更があった場合には、できるだけ速やかに知らせるなどの工夫を行いました。こうした取り組みを通じて、子ども自身に生活の見通しが生まれると、今度は子どもの内面に安心感が育まれていきます。この安心感こそ、心身の回復や安定の基礎なのです。

ところでこのような取り組みは、虐待を受けた子どもにも有効だとされています。なぜなら、両者は臨床上同様の状態像や症状をみせることが少なくないからです。すなわち、虐待は子どものメタ認知能力（自らの思考や行動を客観的に認知し、制御する力）やこれに関係の深い実行機能（計画を立てて作業に取り組む力）を破壊し、一方、発達障害は生得的にこうした能力や機能に弱さをもっているからです。したがって、能力上共通した困難さを示し、臨床上同様の状態像をみせているのですから、共通した支援の枠組みで対応可能であるというのが土井ホームの実践上の仮説だといえましょう。

さて、生活の見通しがないために不安を抱いた子どもは、「こだわり」をみせます。発達障害を有しているかどうかを判断する際の指標となる三つの特徴（三つ組み）の一つに、この「こだわりの強さ」があげられますが、外界への不安から「こだわり」をみせているとも考えられます。

発達障害児への支援には、先に述べた「視覚的提示」といった子どもを取り巻く周囲の「環境づくり」とともに、子ども自身の「理解力とスキルの向上」という相補的な取り組みが求められます。また、後者の取り組みにおいては、子ども自身の「関心や興味、こだわり」を生かすことが推奨されます。

一般に、広汎性発達障害の子どもには、電車や運行ダイヤなど狭い範囲の分野に強い関心を抱く場合があります。敬一にも、同年齢の子どもには違和感を抱かせるような漫画やアニメへの強い関心がありました。こうした関心を承認してやり、自由時間にはそうした漫画やアニメに読みふけることを保障してやることで、敬一自身が感じているであろうストレスを軽減することも可能になったと考えられます。こうしたストレスやそれを生む外界からの刺激を軽減してやることも子ども支援の上で重要であり、パニックを起こす際になにが引き金になっているのか、十分観察して対応してやることが支援者や養育者には求められます。その上で、子どもの安心する環境を考えてやってください。

敬一の場合、広い部屋よりも狭い部屋を望みましたし、幸太の場合には就寝中に天井に張った豆電球がピカピカと点灯していたほうが落ち着いたようです。また、敬一は学校の始業時間の三時間前に家を出て、学校に向かいます。図書館や書店で好きな本を読み、「登校モード」になって校門をくぐるのが、敬一のパターンです。発達障害を抱える子どもに接する場合には、他害行為がない限り、まず子どもの関心や興味を受け入れ承認してやることが重要です。こうした姿勢が子どもの二次障害を防ぐ上で有効と考えます。

敬一は、決まった仕事を繰り返し行っても苦にしないところがあります。新奇な場面よりもルーチンの仕事を好みますので、できるだけ固定した仕事をさせるよう心掛けました。このように個々の子どもの特性を十分に理解し対応することが周囲の養育者や支援者には望まれます。

心のボール

応答しないことも虐待

幼いころから養育者に大切にされる経験をもたずに育つと、子どもは他の人を信頼することができず、対人不信の深さから共感的な人間関係が築けなくなる。数年前、秋も深まったある日。龍輝は小学校から息を弾ませて帰宅するや、郵便受けをのぞき込んだ。

「おかしいなぁ」

首をひねりながら、部屋に引き揚げていく。翌日も走って帰ってきた。顔を真っ赤にしながら、郵便受けに一直線に向かった。「どうしたの」と妻が尋ねると、「お母さんからおとどい電話があって、お年玉を送るよって約束してくれたんだ」と、いつになく高揚した表情で龍輝は答えた。

「よかったね。でもお正月まで一カ月以上あるから、もう少し先かもね」

私も、「龍輝、楽しみだなぁ」と声を掛けた。だが、あの母親が約束を守るか、いぶかしむ気持ちもあった。

長期にわたって入院生活を続けていた母親は、そのころ、車で五分の距離にある病院に入院療養していた。龍輝を連れて面会に行くと、母親とひさしぶりに会った龍輝だが、いくらそばに行くように促しても私の手をギュっと握りしめて離さなかった。

やがて、母親は龍輝との外出を望んだ。外出手続きや病院への送迎を行った。龍輝に洋服を買ってやり食事を一緒にしたいと、母親が希望したからだ。だが、こうした約束は守られなかった。母親は自分だけ買い物をし、好きな物を食べて、龍輝にはなにも与えなかった。

しょんぼりして帰宅する龍輝をみて、憤慨《ふんがい》した妻は龍輝を連れ、洋服を買い与え、「好きな物を食べなさい」と言った。そんな過去の経緯があって、母親の龍輝に対する愛情に疑問があったのである。

さて、龍輝は正月まで郵便受けをのぞき続けた。やがて二月になり、三月になっても龍輝の行動は続いたが、まるでふくらんだ風船がしぼんでいくように、ため息と肩を落とす姿が日に日に増していった。

「龍輝は忘れん坊でしょう。お母さんも忘れん坊なんだよ」と、妻が慰めた。みかねた私が「お母さんに手紙を書いてみようか」と提案すると、龍輝の顔が輝いた。

小学校の卒業式が間近に迫っていた。身長が四〇センチ以上伸びて、妻の背を超えた龍輝に私のアイビースーツを着せ、胸に花を、手に卒業証書を持たせて写真を撮った。

「お母さん、元気ですか。龍輝は卒業しました」

つたないが、紙に張り付けた写真の周りで、字がうれしそうに踊っていた。

母親の住所がわからなかったため、児童相談所あてに送った。返事がないまま、中学の入学式を迎えた。再び写真付きの手紙を送ったが、やはり返事はなかった。私は担当の児童福祉司に電話して、ことのてんまつを話した。

「母親に送った手紙の写しをいただいたと思い込んでいました。さっそく、届けます」

数日後、恐縮する児童福祉司から「喜んでいましたよ」と、連絡が入った。だが、母親からは手紙も電話もなかった。お祝いはもとより、約束されたお年玉も届かなかった。

「虐待」は、殴《なぐ》ったり食事を与えなかったりすることだけを指すのではない。子どもが投げた心のボールに応答を怠ることも、広義の「虐待」である。このような積み重ねが、人への基本的信頼感を基礎から打ち砕く。龍輝の母親自身も、もしかしたら不適切な養育を受け、応答性を欠く親になったのかもしれない。

北九州市立大学の楠凡之《くすのきひろゆき》教授は、「内的ワーキングモデル」の概念を紹介し、乳幼児期から養育者と安定した愛着関係を築いた人だけが「人は信頼できる」というモデルを形成し、場面に応じて修正していく力を育むことができると述べている。昨今の学校への理不尽な親の要求は、「自分は誰からも愛されないし、大切にされていない」という乳幼児期からの課題をもち越し、否定的なモデルに固着した結果ではないかと、著書『「気になる保護者」とつながる援助』（かもがわ出版）で指摘している。

私たち治療的里親は、虐待的な環境で打撃を受けた子どもたちの他者への基本的な信頼感を修復し育むことが、実は重要な役割なのである。

こらむ

自己と他者への基本的な信頼と愛着

大正大学の滝川一廣教授は、「基本的信頼」（ベーシックトラスト）を次のように説明しています。乳児が抱く「不快」（空腹、暑い、寒い）に対して、アラームとしての役割を果たしている「啼泣《ていきゅう》」は、当然にも養育者の「保護」を呼び起こし、不快の除去＝快をもたらします。こうした体験の積み重ねによって、無条件に自分は守られているという外界への安心と信頼が、深い身体レベルで子どもに根づいていきます。これが「基本的信頼」とよばれるものです。

ところで、このような「基本的信頼」と関係の深いものに「愛着」があります。東洋英和女学院大学の久保田まり教授は、「愛着」を母親に代表される「特定の他者との間に形成される情緒的なきずなであり、人生早期に限らず、生涯にわたる人間発達において重要な心理的意味をもつ関係性」であると説明しています。

子どもの育ちにとって「愛着」のもつ意義が研究され、その重要性が指摘されはじめたのは一九六〇年代からのことで、その歴史はすでにかなりのものになっています。日本でも「ホスピタリズム（施設病）」論争として、一時この「愛着」の問題は大きな注目を集めたのですが、いつの間にかその論争は下火となってしまいました。

現在、あらためて注目されるようになったのは、一つには児童虐待が大きな社会的問題となったことが契機となっています。虐待といえば、これまで養育者の問題性が取り上げられることが多かったのですが、子どもにもたらされる深刻な影響と関連して、「愛着の障害」として目が向けられるようになったことが挙げられます。

いま一つには発達障害の研究において、広汎性発達障害を「関係の発達」における障害という観点からみようという考え方が受け入れられ、ここでも関係を育むものとしての「愛着」が関心を集めるようになったことが挙げられるでしょう。第２部第２章で、「愛着」の歴史を読み解きながら、ケアワーカーにとっての意味を提起していますのでご覧ください。

普通の生活

特効薬であり魔法の杖

虐待の結果、心の傷が外に現れ、非行や暴力的な行動に出る子どもと、内にこもらせて精神医学的な症状を見せる子どもとがいる。そうした子どもたちが同じ生活空間にいることでさまざまな問題が発生することは、児童相談所の一時保護所や児童養護施設の関係者の悩みの種である。

自傷行為や睡眠障害などであれば情緒障害児短期治療施設、非行であれば児童自立支援施設。子どもの見せる症状や行動に応じて対応は分かれるが、本来、原因が同じであれば同一の施設でいいはずだ。だが、子どもの安全を守ることは言うはやすく、実現はなかなか困難だ。

ある日のこと。「肉食動物と草食動物が一つのオリで一緒におれますか」と、恭一が抗議する。

「うまいこと言うなぁ」

内心感心しつつ、恭一の巧みな言葉に私も応えた。

「心配しなくてよい。信男には強力な麻酔銃を撃っている」

だが、恭一は不服そうである。暴力的な信男が、ホームに帰ってくると想像するだけで、恭一の心にはさざ波が立つ。

信男は、家出中に深刻な事件を起こして少年院に行った。仮退院し、すっかり殊勝《しゅしょう》な態度でホームに戻ってきたが、二週間したら矯正教育のメッキがはがれた。各機関に相談したが、有効な解決策はない。窮余の策でつてを頼って大阪の天理教会に相談したら、引き受けてくれた。ところが、一カ月もすると「殺すぞ」「山に埋めるぞ」「海に沈めるぞ」と暴言を吐くものだから、出入りの人たちから苦情が殺到して、三カ月過ぎると教会長から引き取りを求められた。

毎月会いに行く私とは良いが、周囲とうまくいかない。「若いのだから見守ろう」という声も教会内にあったが、九カ月目に引き取ることにした。その際、先の恭一の抗議である。

「信男には絶対、暴力を振るわせない。振るったら二度とここにはいられないと言い渡している。第一、おまえと同様、行くところのない子じゃないか。頼む」

私が頭を下げると、不承不承、恭一も了承した。

その後も同居の人々とさまざまな葛藤《かっとう》があった。わが家のサバンナに生息するシマウマとライオンは、時に仲良く、時に対立する。トラブルのたびに、私はライオンの調教にかかる。最初は穏やかに、やがて激烈に、そして静寂の時間の後に静かに語りかける。ほえていた獅子は、そのころには慙愧《ざんき》の涙を流して猫になる。

国立武蔵野学院医務課長の富田拓医師は、混乱した生活と価値観を経験してきた少年たちには、「普通の生活」が極めて治療的であると述べている。保護者に傷つけられ、周囲の仲間と支配─被支配の関係しかもてなかった少年だからこそ、「穏やかな人間関係」を保つこと、仮に対立が起きても、それは修復可能であると伝えておくことは治療的であるとしている。「普通の生活」こそ、実は「治療的里親」がもつ特効薬であり魔法の杖なのだ。

こらむ

普通の生活がもつ意味

虐待を受けた子どもと接すると、その多くは原家族において「普通の生活」がなかったことに気づきます。児童自立支援施設はその長い歴史で、子どもの「育てなおし」や「生活が陶冶《とうや》」「枠のある生活」という考え方のもとに、子どもの支援にあたってきました。

その基本には「夫婦小舎制」があります。一つの寮で夫婦である舎監が子どもたちと生活をともにしながら子どもの「育てなおし」を図るもので、環境療法を基盤とする「生活そのものが子どもの成長発展を促す」ことに重きが置かれていました。

時代のすう勢とはいえ、通勤による職員交代制に変更する施設が増加していることは、児童自立支援施設の質的な変化をもたらすものだと考えられます。二〇〇五（平成一七）年段階で「夫婦制」は五八施設のうち二〇施設（三四・五％）に減少しています。

ちなみに「枠のある生活」とは、「入所前に長期にわたって不規則な生活をしてきていることが多く、生育歴のなかで、大人から成長に不可欠な十分な愛情と逸脱行動に対する盾となるべき対応を受けた経験に乏しい傾向にある」少年たちに対して、「規則正しい生活を営むことを習慣づけること」（「児童自立支援施設の将来像」・全児協・二〇〇三年）とされています。

このような児童福祉施設の歴史をひもときながら、児童福祉や児童養護に関わる関係者がその理念や経験を共有することも大事なことだと考えます。ちなみにファミリーホームや自立援助ホーム、そして里親といった「家庭的養護」とは、家庭環境を失った子どもに「普通の生活」を保障しようとするものです。

学力向上

大人への信頼が意欲生む

昌史が机に向かっている。一年遅れの高校受験である。勉強どころか生存さえ脅かされる虐待的な養育環境で育った子どもが多いだけに、わが家に来た当初はどの子も低学力である。学力疎外状況は子どもに著しい自尊感情の低下をもたらす。子どもの未来を拓《ひら》くためにも学力向上への取り組みは欠かせない。

新しい子どもが来た際、その子の学力を鑑別するため、私は子どもに小学五年生の算数問題を解かせてみる。できなければ学年をさらに下げて解答させる。昌史の場合、小数、分数はおろか、九九もおぼつかない。自分の実力が明らかになって、始める前の鼻息の荒さも消え、昌史が大きなため息をつく。

「大丈夫だ」

私は言った。

「みんな、来たときにはそんなものだった」

恵一も啓太も、中学時代は後ろから数えるほうが早いほど低学力であったが、高校入学後、啓太は平均八〇点、恵一は九八点や一〇〇点を採ってくるようになった。三年遅れで高校に進学したわが家の先輩たちの話をしてやると、昌史が目を輝かせた。

ちなみに中学時代にＩＱ（知能指数）が60で、知的障害児と判定された康治は、わが家に来てＩＱが30以上も伸びて健常児になった。康治が年齢相応の発達を示していなかったのは、虐待的養育環境の影響によるものであった可能性が大きいと推測される。

東京都児童相談センターの伊東ゆたか医師は、虐待などによって慢性反復性トラウマを受けた子どもの特徴の一つとして、知的発達への影響を指摘している。具体的には、周囲への警戒心が解けなければ、集中して知的課題に取り組んだり新しいことに関心をもったりすることができず、養育者との言語的やりとりが乏しければ、言語発達は滞り、論理的思考の育成が妨げられる。慢性反復性のトラウマをもつ子どもでは全検査ＩＱおよび言語性ＩＱの低さが認められており、学習への取り組みの悪さから、学校での不適応につながりやすいと述べている。

昌史は八歳まで家を一歩も出ることができず、小学校に通学していなかった。学力はもとより、社会との交流がなかった結果、対人交流の困難さ、社会性の乏しさは著しく、わが家にたどりつくまでの昌史を支えてきた福祉関係者の苦心と努力を思わずにはいられなかった。

わが家でも夏から秋、そして冬まで嵐の連続であった。大人への不信をあらわにする昌史の烈《はげ》しい行動は、わが家の大人を翻弄《ほんろう》・消耗させ、一時は措置解除を真剣に考えさせたこともあった。

たじろぎながらも変わらぬ姿勢を保つことで、不信で覆いつくされた昌史の心の大地に、周囲への大人への信頼という芽が一、二本かすかに姿を見せ始めたとき、多くの子どもがそうであったように、昌史の行動にも変化が見え始めた。いくつかの事件を乗り越えたときに、昌史が鉛筆を握るようになった。

凍《い》てつくような冬の寒さの間にも、梅や桜は開花の準備を進めている。私たち夫婦にとっても、また昌史にとっても、春はもうそこまでやってきているようだ。

こらむ

解離性障害の子どもへのケア

アメリカの精神科医、Ｆ・パトナムは、虐待などによる心的外傷を抱えた被害者への治療で知られています。パトナムは、解離性障害者に対する治療において、確固として限界を設定し、境界を管理する姿勢をとることが長年にわたる治療的伝統であるとしています。そして、このことは年少の解離性障害の子どもにも該当《がいとう》しており、「混乱した外傷被害児の治療に携わる者は、時に『石頭』にならざるを得ないという、まことに不愉快な地位に置かれることを覚悟しなければならない」と、指摘します。

昌史のように、激しい虐待的な養育環境において育った結果、著しい大人不信を抱え、その結果、昌史のケアにあたった施設職員が倒れたり、退職することを余儀なくされたりするような烈しい行動化に対しては、変わらぬ姿勢を保つこと、ダメなことはダメといった限界設定が、ケアの最初の段階では極めて大事だと言えましょう。

ちなみに被虐待児の五〇％に解離がみられ、こうした子どもたちを支援する上でその理解は欠かせません。

協働

同じモノサシで取り組む

登校する子どもや出勤する家族、戦場のような朝のあわただしい時間が過ぎ、ホッとしたころ、電話が鳴った。

「良雄君が中学校に来ていません」

担任教師からだった。

「いつもの時間に登校したのですが……」と妻。

「そうですか……。すみません、昨日、良雄君の態度があまりに目に余ったので、指導に従わないなら学校に来るなと言ってしまいました」

教師が声を落として話した。

「どうしましょう」

不安げに妻が問いかけるので、「案外、ケロッとして帰ってくると思う。夕方まで待ってごらん」と、私は答えた。案の定、夕刻、良雄はいつものように帰宅してきた。「来るなと言われたので、学校の周囲で遊んでいました」と、良雄は答えた。

「ルールを守ること。授業中は、先生の指導に従いなさい」

私は簡単に言って話を終わらせた。

「場の空気が読めない」「コミュニケーションに困難を抱えている」などが観察された良雄は、療育センターで、発達障害の一つで社会性に困難をもつ広汎《こうはん》性発達障害と診断された。良雄の生きづらさや困難はこうである。「風呂をみてきなさい」と指示し、「どうだったか」と尋ねると、「見てきました」とだけ答えて、湯加減を確かめた風ではない。通常、「風呂をみてきなさい」という指示には、「湯の張りぐあいを確かめる」という言外の意味があるが、そうしたことを推測する「反対類推」が、良雄にはできないのである。「風呂場に行って、浴槽に七割ぐらいお湯がたまっているか、確かめて報告しなさい」との具体的な指示が求められるのである。

「学校に来るな」と言われ、「だから指導に従いなさい」という言外の意味がわからない良雄は、教師の言葉をそのまま受け取って、登校できずに学校の周囲でウロウロしなければならなかった。担任教諭は、注意を集中させる環境づくりや視覚的な指示という工夫をしながら、根気強く「いま○○をしなさい」とキッパリ指示し、良雄の言い訳に巻き込まれないようにしながら、指導することが欠かせない。

その上で、できたらほめる、できない場合には「今からしかるぞ」とおしかりモードに入り、目を見ながら毅然《きぜん》と警告し、予告した警告回数が過ぎた場合には権利の一時停止や、別室で学習するなどの指導過程が求められるのである。

特別支援教育のベテランである担任教諭も、そうした指導方法はわかっていたに違いない。事の起こりは良雄が隣の子の代わりに正解を答えてしまうことだった。注意集中が困難な良雄が、自分の課題に取り組むどころか繰り返し注意しても通じないことに、担任教諭はキレてしまったのかもしれない。

その後、良雄をめぐっては、担任教諭と私が毎日連絡を交わし、根気強い指導に取り組んだ。こうした連携・協働のもと、学校と家庭が連続した同じモノサシで対処することによって、良雄は少しずつではあるが、着実な成長をみせていった。

解説　連携・協働の意味とその成果

子ども臨床の場面では、さまざまな機関において、しばしば声高に組織間の「連携・協働」やワーカーの協働が叫ばれます。しかし、実際に掛け声通りにいっていれば、そうした主張がなされるはずもないことは容易に理解できます。

関係機関や専門家が集まったケース会議は、関係者が一堂に会し、子どもをめぐる情報や認識の共有を図ることを目的に開催されます。しかし、もっとも重要なことは、関係者が主要に関わった人の労をねぎらい、敬意（リスペクト）を払うことであり、そのことを通じてエンパワメントすることでしょう。そうした信頼の基本に立って共通認識を図り、連携・協働が推進されることが望ましいといえましょう。たとえ支援がうまくいかないとしても、そのワーカー個人に対する責任追及ではなく、問題の所在を明確化し、その解決をシステム化するという途をとることこそが重要です。

施設内虐待が発生する施設には、背景に職員の疲弊《ひへい》と孤立があるようです。逆に、成果を上げている施設に共通するのは、職員が疲弊しないように、連帯を強め、協働して子どもの支援に当たることをシステム化しているところだといえます。

こうしたシステムの中心にいるのは、法制度を知り、その活用と専門家などの社会的資源の導入や組み立てに優れ、ソーシャルワークの視点をもったコーディネーターではないでしょうか。教育、福祉、医療や司法の分野で、社会福祉士にはこのような役割が期待されます。

ところで、福岡市では市民と行政の協働事業「市民参加型里親普及事業」が大きな成果をあげています。これは、子どもに関わるさまざまな市民活動のネットワークである「子どもＮＰＯセンター福岡」（大谷順子代表理事）と「福岡市こども総合相談センター（児童相談所）」（藤林武史所長）が実行委員会（名称：「新しい絆プロジェクト・ファミリーシップふくおか（満留昭久実行委員長）」）をつくり、里親普及や里親支援を行っているものです。

二〇〇五（平成一七）年四月にスタートしたこの事業を通じて、二〇〇四（平成一六）年度末の福岡市の里親委託率は六・九％という現状であったのが、二〇〇八（平成二〇）年度末には一八・三四％に上昇しました。厚生労働省が二〇〇四年一二月に策定した「子ども・子育て応援プラン」の数値目標として、五年後の二〇〇九（平成二一）年度までに里親委託率を一五・〇％に引き上げることを打ち出しました。しかし、全国的には目標を達成できませんでしたが、福岡市はそれを二〇〇七（平成一九）年には早くも達成したのです。

また、この活動から社会的養護にかかわる二つのＮＰＯが誕生したことも大きな果実といえましょう。「青少年の自立を支える福岡の会」（古賀信敞理事長）と「子どもの村福岡を設立する会」（満留昭久理事長）の設立です。前者は、福岡市内の社会的養護関係者が結集し、自立援助ホーム「かんらん舎」を開設し、青少年の社会的自立を支える居場所づくりに取り組んでいます。一方、後者は世界一三二カ国に広がる国際ＮＧＯである「ＳＯＳキンダードルフ」の理念に基づき、里親制度を活用し、家庭的養護の新しいモデルづくりに取り組んでいます。この活動には、地元の企業が後援会（松尾新吾九州電力取締役会長）をつくり支えています。

こうした動きで注目されるのは、第一セクター（行政）、第二セクター（企業）、第三セクター（市民）の各セクターが協働して、「子どもの村福岡」を創ろうというものです。福岡市が提供した約一〇〇〇坪の市有地に、育親とよばれる里親が子どもとともに生活をする五軒の家と、それを支えるセンターハウスが建てられるもので、二〇一〇（平成二二）年四月に開村にいたりました。そして、こうした動きを、後援会とともに、地元の小児科医や建築家協会などの職能グループも支えています。行政の委託事業を東京都の里親会である「東京養育家庭の会」（青葉紘宇理事長）が受託する先行事例はあるものの、福岡市のこのような試みは、「福岡モデル」として今後大いに参照されるに違いないと思われます。

暴力の連鎖

傷ついた自己を空想で支え

わが家の子どもたちは、激しい虐待体験を有する上に、元の家族に戻る見通しや帰るべき家もなく、周囲との絆を失い「見捨てられ感」や「無力感」を抱えている。彼らは自信を喪失するか、あるいは幼児のような「万能感」や空想によって辛うじて自己を支え、維持しようとしていることが少なくない。

今は近畿圏で自立生活をしている陽一は、当初こそ明るい笑顔を見せていたが、それまで経験したことのない「普通の家庭生活」を続けるうち、抑うつ感と不眠を訴えるようになった。「父親が母親を殴っていた光景が、今、目の前でありありと起こっているようで、目が覚めると朝まで眠れない」のだという。

陽一の母親は、子ども虐待では加害者、ＤＶ（配偶者からの暴力）では被害者という二面性を有していた。同時に、陽一自身も母親からの虐待を受ける被害者と、母親の命ずるままに弟をこん棒で殴る加害者の二役を演じていた。

虐待の世代間連鎖がよく指摘されるが、こうした垂直の連鎖だけでなく、水平の連鎖もあるのではないか。すなわち、暴力の被害者があるときから加害者となっていく役割の転化である。こうした加害行為に及んだ子どもに、「なぜそうしたのか」と問いただすと、「自分のときはもっとむごい目にあった」「これぐらいのことは大したことない」と、過去の被害体験を話すことが少なくない。

「家ではきちんと家事を教えてくれた」などと、実際とはかけ離れた理想的な母を語る陽一。そんな夢物語から覚めると、ＤＶ被害者にありがちな自傷行為や睡眠障害、抑うつ症状をみせたが、精神科医と連携し、穏やかな毎日と安全感を保障することで、やがて以前は自らが加害行為に及び、今は行き場のない弟を「救ってくれ」と、ホームへの引き取りと絆の回復を求めるまでになった。

児童福祉施設で「荒れる」少年には、そこに至るまでの施設内での被害体験があり、家庭内虐待を受けた子どもには、夫婦間の葛藤《かっとう》やＤＶが問題の背後に潜んでいることもある。虐待の回復に向け、子どものケアをする者には、そうした背景への目配りと丁寧な指導が求められる。

ところで、虐待する親の言い分を聞いていると、「自分の子どもだからどうしようと勝手であろう」という「子ども私物観」が見え隠れする。淑徳大学の柏女《かしわめ》霊峰《れいほう》教授は、妊娠中から保護者を支援する保育所などの「指定在宅育児支援事業者」と、そこに配置された専門員が、保護者とともに乳幼児の発達支援をする石川県の「マイ保育園みんなで子育て応援事業」を紹介しながら、子育てを「わたくしごと」ではなく、社会全体で担う必要性を指摘している。子ども虐待やＤＶが地域社会から孤立した家庭に発生するだけに、「子どもの育ち、子育ての支援を通じた社会連帯」を基本的視座に置く児童福祉法改正案のもつ意義は高い。子どもたちの健やかな育ちのために、さまざまな仕組みの定着化が望まれる。

解説　虐待の影響

陽一が虐待的な親でさえ慕うことが可能であったのは、解離症状があったからだと思われます。そして解離がなくなると、うつ症状を見せはじめました。このような症状と変化の過程は、被虐待児にはけっしてめずらしくありません。

虐待と発達障害への対応で知られる杉山登志郎医師（あいち小児保健医療総合センター診療科部長）は、二〇〇一（平成一三）年の開院以来の七年間に受診した子ども八一七人に関して次ページの表のようにまとめています。

杉山医師は、虐待を主訴として外来を訪れた子どもに発達障害の診断が可能な者が多数であることに驚いたと感想を述べ、全体の過半数（五三％）を占めていることを指摘しました。そのうち知的障害を伴う者は一五％以下でした。発達障害のうち広汎性発達障害が二五％前後を常に示しており、そのうちの九割までが知的の遅れのない高機能群でした。

注意欠陥・多動性障害（ＡＤＨＤ）は二割前後ですが、被虐待児には多動や不注意は一般的であると指摘しつつ、多動や衝動性を示す児童は実に全体の八五％を占めていたと述べていま

子供虐待の症例（2001.11 ～ 2008.10）

虐待の種類	男性	女性	合計	%
主として身体的虐待	254	114	368	45.0
主としてネグレクト	80	50	130	15.9
主として心理虐待	88	87	175	21.4
主として性的虐待	41	97	138	16.9
代理ミュンヒハウゼン症候群	1	5	6	0.7
合計	464	353	817	100.0

併存症一覧（N＝817）

併存症	人数	%
広汎性発達障害	210	25.7
注意欠陥多動障害	149	18.2
その他の発達障害	75	9.2
反応性愛着障害	386	47.2
解離性障害	434	53.1
心的外傷ストレス障害	269	32.9
反抗性挑戦障害	133	16.3

※杉山登志郎・海野千畝子さんの論文「児童養護施設における施設内性的被害加害の現状と課題」（『子どもの虐待とネグレクト』26号、日本子ども虐待防止学会）を著者が一部改変

す。

発達障害関連を除くと、愛着障害と解離性障害がそれぞれ五割前後であり、反抗挑戦性障害と行為障害が計四六％に達しています。特に、ＡＤＨＤと、反応性愛着障害と解離性障害を基盤とする「虐待系の多動」との鑑別は専門家でも困難であり、両者の合併と考えざるを得ない症例も見られたと報告しています。

以上を踏まえ、杉山医師はこうした子どもへのケアに関して、次のように整理しています。

第一に、発達障害や学習障害へのケアが必要である。

第二に、愛着の修復が必要である。

第三に、解離への対応が必要である。

第四に、破壊的行動障害や非行への対処が必要である。

そして、医療だけでは最も大事な愛着の修復は困難であるが、医療抜きでのケアも愛着の修復の基盤となる安心な生活を築くことが困難であるとも、杉山医師は述べています。

したがって、トラウマを抱えた子どもの治療は「医学モデル」だけでは完結せず、子どもをまるごと受け止め、ホールディングする家庭や養育の場の創造がきわめて重要であることを踏まえたうえで、深刻な課題を抱えた子どもに関しては、症状を診断し、投薬などの治療を行う「医学モデル」、症状や障害をもつ人がどのように障壁《しょうへき》なく社会生活が送られるかという「生活モデル」、陽一のケースのような児童期から虐待を受けた生存者に対する「生物心理社会モデル」、各モデルを統合した包括的な理解と支援が望まれていると考えられます。

年末年始

慌ただしさと重苦しさと

クリスマス、そして正月。少年たちの血が騒ぐ季節である。ＴＶのサスペンス劇場は週に一回だが、土井劇場は毎日公演だ。

朝、昌史がいない。クリスマスの翌日である。

「ハハーン」

案の定、朝食をすませたころに帰ってきた。しつこく抗弁《こうべん》する昌史に言った。

「夜間徘徊《はいかい》をくり返せばここにおれなくなって、彼女とも会えなくなるぞ」

能弁な昌史がシュンとなった。

「スイマセン。二度としません」

毎週のように聞く昌史の謝罪で、話は終わった。

自立して外へ出ていた健太が、妻の佳子と乳児の香林と一緒に戻ってきた。佳子の誕生日をステーキで祝った夜、家を抜け出した健太が、他人の家の敷地に入ったとして逮捕された。

「着替えを持ってきてください」

翌朝の知らせに、身の回りの物を用意した佳子と警察に向かった。その車中で、佳子は二人目の生命が宿っていることや、健太が夜ごと抜け出して女性と会っているらしいことを語った。

「香林を認知しなさい」

「ニ・ン・チってなんです？」

そんな健太との一週間前の会話を思い出し、ため息が出そうになるのを飲み込んで佳子に言った。

「もう一度健太にチャンスをやってごらん」

未練を隠しきれない佳子の心境を思い、声をかけた。涙目の佳子がうなずいた。

雨はいつの間にか雪に変わっていた。フロントの雪を払うワイパーの音だけが響いていた。

その日の夕方、警察から電話があった。

「すぐ来てください」

聞けば、京太が病院でトラブルを起こしたという。京太は最近入社した会社に一八歳とさばを読んでいたらしく、提出する診断書の生年月日を書き変えろと医師に強要して通報されたらしい。五人の警察官とあきれ顔の病院スタッフに平身低頭して京太を引き取った。

「えへへ、やっぱまずかったスカネ」

懲りない京太の懲りない行状に言った。

「まずかったスネ」

「へー、これが黒豆」

大仰に昌史が驚いてみせた。

「きんとんに三杯酢」

できあがるおせち料理を見て、昌史が初めて見たと騒ぐ。昌史は施設暮らしが長く、普通の家庭の暮らしを知らない。大掃除に始まり、もちつき、年越しそばと続く年末のわが家の行事に、戸惑いと驚きをみせた。

昌史に小学校の元担任教師から電話があった。昌史はお年玉をねだり、電話口で甘えた口調で越年闘争をしている。そのやりとりに聞き耳を立てていた誠一が突然言った。

「ばあちゃんに洋服を買ってと電話していいですか」

「あーいいよ」

二年も音信不通の祖母に期待できないと思いつつ、私は手を休めることなくもちを丸めた。そんなやりとりを、近親者もなく訪ねてくる者もない恵一と良雄がうつむいて聞いていた。

親元に帰省する子どもを見送った後の重い空気。今年はそれを味わうことなく過ごせると思ったが、一本の電話が子どもたちを刺激し、私の心を締め付ける。ＴＶは派遣労働者の解雇を報じていた。冷たい風が窓を強く揺らしていた。

「みんな頑張ったからお年玉を奮発するぞ」

ことさら明るい声で声をかけた。子どもたちが歓声をあげた。

こらむ

祝福することの意味

子どもたちと生活をしていると、そのライフイベントごとのお祝いをされたという経験の乏しさに気づきます。誕生、入学、卒業、このような人生の節目、節目にお祝いをすることは、子どもたちの破断した人生を一つの物語として統合していく上で欠かせません。そしてなにより、自己の存在を虐待されても仕方のない存在であるといった自尊感情の低い子どもたちに、祝福された存在であることをメッセージとして伝えるためにも、このようなお祝いの取り組みは欠かしたくないものです。

発達障害

日々の訓練重ね能力向上

「おじいさんになるまでここにいたいなぁ」

「死ぬならここで死にたいなぁ」

養護施設に帰る時間になると、龍輝が窓際に立って外に向かって独り言を言う。当時、一日里親をしていた私たちのもとに毎月、龍輝はやってきていた。繰り返し訴えるので、施設と相談して引き取ることにした。龍輝の表情が輝いた。

だが、「大変ですよ」という妻の懸念はあたっていた。龍輝はさまざまな困難をかかえていた。

「晩御飯はなにを食べたいかな」と妻。

龍輝が答えた。

「たかな」

「じゃ、油いためがいいかな」

「ううん、たちみ」

「あぁ、わかった。たかなじゃなく、さかななのね、さしみが食べたいんだ」

龍輝には、サ行がタ行になってしまうなど、発音が正しくできない構音障害があった。

そこで毎日、朗読をさせることにした。ところが読み始めると行の途中で二行目に迷い込み、右往左往して三行目で着陸するということを繰り返した。私たち夫婦が発達障害と初めて出会ったできごとであった。

二〇〇五（平成一七）年に施行された発達障害者支援法では、発達障害を以下のように規定している。
①学習障害（ＬＤ）
②注意欠陥・多動性障害（ＡＤＨＤ）
③高機能広汎性発達障害（高機能自閉症、アスペルガー症候群）
④発達性協調運動障害（ＤＣＤ）
ＬＤとは、聞く、話す、読む、書く、計算する、又は推論する能力のうち、特定のも

の の習得と使用に著しい困難を示すさまざまな状態を指すもので、龍輝にはこうした能力に困難さを抱えていた。そこで、一行だけ空けた下敷きを本に重ねて読ませた。七年間毎日繰り返した。やがて、下敷を必要としなくなり、「たかな」でなく、「さかな」と発音できるようになった。

しかし、龍輝の困難はそれだけではない。障子を繰り返し破った。観察していると、障子戸の取っ手に手をかけようとして、障子に手を突っ込んでいる。取っ手が空間のなかでどこにあるのかという視空間認知とそれに伴って、取っ手に手をかけようと動作する協応運動に課題があると考えた。そこで、こうしたＤＣＤを抱える龍輝にはランニング、リズム体操、筋肉トレーニングなどを行わせた。

精神科医の神田橋條治さんは、こうした少年には「こころ」から入るのではなく、「からだ」からの接近が有効であり、その方法は、ごく基礎的な行動から段階的に習得させていくのが有効だと述べている。子どもの支援にはこうした「身体性」への配慮は欠かせない。

龍輝のような少年の困難さは周囲に理解されにくく、叱責されることが多いだけに、適切な理解と対応が求められる。妻は「発達障害児と一生過ごしたい」と言う。さまざまな困難があるとはいえ、その心はピュアだからだろう。龍輝は希望通りおじいさんになるまでわが家にいることになるかもしれない。

解説　発達障害とはなにか ―広汎性発達障害とＡＤＨＤの問題に視点を当てて―

発達障害という考え方は、そもそも一九六〇年代から七〇年代にかけて、主として知的障害を中心とした状態に対して、行政上の支援を行うための根拠となる法律がアメリカ連邦議会で検討され、その法律において「発達障害」が初めて公的に論じられたことに始まるとされています。

児童精神科医の黒川新二さんは、発達障害という言葉は、アメリカ精神医学会の診断マニュアル『精神疾患の分類と手引き』第三版改訂版・ＤＳＭ-Ⅲ-Ｒ（一九八七）から対象が拡大したと指摘しています。

ＤＳＭ-Ⅲ-Ｒでは、

①全般的な能力の発達の障害である精神遅滞（知的障害）
②特徴ある能力障害分布を示す自閉症
③特定の能力の障害（言語障害、読字障害、計算障害など）
を発達障害としていますが、黒川さんは、日本の多くの研究者はこの三つに注意欠陥・多動性障害（ＡＤＨＤ）を加えたものを発達障害としていると指摘しています。

ちなみに、二〇〇五（平成一七）年四月に施行された発達障害者支援法では、これらのうち、精神発達遅滞（知的障害）を合併していない（ＩＱ70以上）狭義の脳の発達障害を「発達障害」と定義しています。発達障害の範疇に入る疾患は、以下の通りです。
①学習障害（ＬＤ）
②注意欠陥・多動性障害（ＡＤＨＤ）
③高機能広汎性発達障害（高機能自閉症、アスペルガー症候群）
④発達性協調運動障害（ＤＣＤ）
養育者や教師などにとって、深刻な問題行動を示す少年の問題を理解していく上では、注意欠陥・多動性障害（ＡＤＨＤ）と広汎性発達障害（ＰＤＤ）に関する基本的な知識がとりわけ必要不可欠であると考えられます。

なお、軽度発達障害という用語は日本独特のもので、二〇〇〇（平成一二）年の杉山登志郎医師の論文が初出であるとされています。知的な遅れが軽度という意味で、社会適応の上で軽いというわけではないことに留意する必要があり、文部科学省も二〇〇七（平成一九）年以降、誤解を避ける意味から使用していません。

非行児のケア　●●●●　「困っている」のは子ども自身

二〇〇二（平成一四）年に里親制度の改革が行われ、「専門里親」制度が誕生した。当初は被虐待児のケア、やがて非行児、障害児とその対象が広がってきたが、非行児の受け入れについては、全国里親会から反対の声が上がっていた。

非行少年の起源は、神代の時代までさかのぼり、その乱暴狼藉《ろうぜき》で姉の天照《あまてらす》大神《おおみかみ》を怒らせ、「天の岩戸」にこもらせた素戔嗚《すさのおの》尊《みこと》だろう。非行は、記紀の時代にまでさかのぼるような、子どもの発達過程でしばしば見られる行為であるという見方もできる。

非行という、ブリキの勲章をたくさん付けてやってきた恵太が、珍しく殊勝な声で電話してきた。

「車にぶつかりました」

「エッ、またか。ケガは？」

「大丈夫です」

さっそく現場に駆け付けた。わき見をして自転車を走らせ、気が付いたら目の前に車があったという。駐車中の車なので、交渉の余地もなく平謝りである。二カ月続けての事故に、恵太の頭をさらに下げさせた。

恵太はわが家に来る前にも七回交通事故を起こした。私は注意欠陥・多動性障害（ＡＤＨＤ）を疑わざるを得ず、恵太の日常を観察した。忘れ物や落とし物が多く、勉強も三分と続かない。走り回る、よじ登る、飛び降りる等の行動が目立つ。就寝時間が遅く、常に睡眠不足で、起床に手間がかかる。極端な偏食など、瞬く間にＡＤＨＤのチェックリストが埋まってしまう。注意した妻に、「調子乗るなよ」と、吟味もせずに反射的に口答えをして怒らせてしまうなど、周囲とトラブルを引き起こしがちである。

現場から帰る途中で、「悪いことはしてないでしょっ？」と、恵太は主張した。アメリカの心理臨床家であるＪ・マーク・エディは、すべてのリスク要因のうち、初発年齢が最も重要な要因であるとし、恵太のように小学校時代に反社会的「経歴」が始まる子どもたちは、成人になってからの行為障害（非行）的な問題を起こす可能性がもっとも大きく危険があると指摘している。

わが家に来るまでの赫々《かくかく》たる戦歴に比べると、たいした非行をしないでいる恵太も努力しているのだろう。「ケガがなくてよかった。（妻に）心配をかけましたと謝りなさい」と、声をかけた。恵太は黙ってうなずいた。

素戔嗚尊は命じられた国をおさめず、泣き叫び、そのため山は枯れ、川や海は干上がった。泣く理由を伊弉諾尊《いざなぎのみこと》がただすと、「母のいる根の堅洲国《かたすくに》に行きたい」と答えた。そのエピソードを、恵太と肩を並べて歩く私は思い出していた。両親が離婚してから、恵太と母親は同じ団地に住みながらも交流がなかったという。

私は恵太の手を握った。恵太も握り返した。夕日が恵太の横顔を照らしていた。

「夕飯ができているぞ。早く家に帰ろう」

私は恵太の背中をポンとたたき、足を速めた。

「困った子ども」は、実は「困っている子ども」である。周囲の適切な理解と支援が求められる。その後、恵太はとび職になった。走り回る、よじ登る、飛び降りる。その能力を生かして活躍している。

解説　虐待と発達障害の関係、その両者の鑑別の困難さ

新潟大学医学部の遠藤太郎《えんどうたろう》さん・染矢俊幸《そめやとしゆき》さんは、発達障害と虐待の問題は切り離して考えることは不可能であるとし、たとえば、ＡＤＨＤ児はその育てにくさのために、しばしば虐待の被害者となると述べています。

あいち小児保健医療総合センター長の杉山登志郎医師も継続的にフォローアップしている一〇〇〇名以上の児童・青年のうち、ＡＤＨＤの診断基準を満たす者の七七％になんらかの虐待の既往があると述べ、受診した虐待被害児五七五名のうち五四％の児童になんらかの発達障害が認められること、しかもＰＤＤのなかで知的障害を伴うものは少なく、八五％まではＩＱ70以上であったというデータに基づき、高機能広汎性発達障害（ＨＦＰＤＤ）をはじめとする発達障害が虐待のリスク要因となっていることを指摘しています。

また、被虐待児と発達障害児との鑑別の困難さの問題もしばしば指摘されています。東京福祉大学のヘネシー・澄子名誉教授は反応性愛着障害の観点から虐待の影響を整理していますが、杉山さんは、ヘネシー博士が被虐待の影響として整理している内容には自閉症やＡＤＨＤ

の症状として広く知られている症状が含まれているとコメントしています。

ちなみに、杉山さんは反応性愛着障害の抑制型は自閉症圏の発達障害に非常によく似ており、特に高機能広汎性発達障害との鑑別は極めて困難であり、その一方で脱抑制型は注意欠陥・多動性障害によく似た臨床像を呈すると述べています。

このように、子ども虐待によって生じる反応性愛着障害の脱抑制型においては、多動性行動障害がほぼ必然的に生じるとし、杉山さんが診察した被虐待児の八割がなんらかのＡＤＨＤ様症状を示したことを明らかにしています。その上で、杉山さんは、臨床上は同一の多動性行動障害を示す両者の鑑別点は、虐待によって生じた多動は不注意優勢型が多いのに対して、一般的なＡＤＨＤは混合型が多い点であるとしています。

親との溝

激しい敵対的態度崩さず

春になると啓之を思い出す。啓之は、桜が満開の四月にやってきた。長い髪で顔を隠すようにしてボソボソと自己紹介をした。児童相談所職員は「登校を無理強いせず、在宅指導で結構です」と、語った。

聞けば、登校を促す母親と包丁を持って対峙《たいじ》し、花瓶やＴＶを投げ合う大立ち回りの末に、親子とも自殺を企て、近所の通報でパトカーが駆けつける騒ぎを繰り返したという。学校でも突然級友を殴り、理由を尋ねた教師に二年前のケンカをもち出してあぜんとさせた。学校の代わりに少年補導センターに通所するようになったが、職員や他児を殴り、ガラスを割った。困った児童相談所は、わが家に受け入れを打診した。

発達障害への対応で知られる杉山登志郎医師は、高機能広汎性発達障害の子どもたちは小学校高学年になると、それまでの我関せず然とした態度から一転し、ささいな働きかけを被害的に受け取るようになるとしている。そして、小学校低学年ではいじめを受けても比較的無関心なものも少なくないが、「心の理論」を獲得し、他者の心理を読むことがある程度可能になる高学年になると、今度はタイムスリップ現象によって、ささいなきっかけで昔の不快場面のフラッシュバックが生じ、大騒ぎを繰り返すようになったり、周囲の大人が脅威を感じるような暴力的噴出を伴う発作的興奮を繰り返したりするものが存在すると、杉山医師は指摘している。

啓之のトラブルの背後に、こうした広汎性発達障害児特有の「かさぶたの張らない記憶」や「被害的認知の固定化」が存在し、杉山医師の指摘するタイムスリップ現象が騒動の引き金になっているのではないかと、私は推測した。

啓之は二歳ごろから鍵のかかった玄関を出ていこうとし、母親の手を離して勝手に走っていき、三歳で入園した幼稚園でも落ち着きがなく勝手に部屋を出ていくなど、多動傾向や親子分離に関する不安欠如があった。また、倒れるまで回転し続けるこま回りの動作が観察されたという。

こうした生育史に加え、わが家でも、会話が複雑になると「わからない」と返事する。

日記の字が判読できず、行が蛇行する。常に前かがみで不器用な歩き方をする。洋服をうまく着られない。茶碗や箸がうまく持てず、食事をこぼす。日光がまぶしいと訴えるなど感覚過敏、協応運動の困難などを示した。

初めて啓之がわが家を訪れたとき、見学するなり「気にいった。すぐ入所したい」と希望した。同様に発達障害を抱える思春期の少年たちの伸びやかな暮らしぶりが気に入ったようだ。それまでのトラブル続きの毎日と異なり、啓之は少年たちとすぐに打ち解けた。

だが、正式入所の際に挨拶に訪れた両親が涙をみせて別れを惜しんだにもかかわらず、啓之は最後まで両親を罵り、敵対的な態度を崩さなかった。離婚した父親に支えられ、歩くのもやっとという母親の姿は哀れで私の胸をふさいだ。家族の溝を埋めるために、啓之の安全感を取り戻すことにまず取りかかった。（続く）

こらむ

当事者の居場所づくりと親の集う場所づくり

ＮＰＯ法人「ル・シエルくまもと」（石津棟暎理事長）は、熊本県自閉症協会のコスモス部会（高機能自閉症・アスペルガー部会）の青年・成人の親が中心になり、二〇〇九（平成二一）年一月、アスペルガー症候群・高機能自閉症の人たちの居場所づくりをめざすＮＰＯ法人として認証されました。

石津さやか事務局長は、「学齢期を過ぎたこの障害のある成人が自立した生活を送り、また仲間と交流したり就労に向けた訓練ができるような居場所をつくり、継続した相談・就労支援・生活支援事業をめざす」と、その意義を語り、特に「二次障害を出さないように配慮している」と述べています。

そして、「アスペルガー症候群・高機能自閉症を正しく理解してもらうための支援者育成事業や講演会等での啓発事業も行って、〝見えにくい、わかってもらえない〟といわれるこの障害に対しての理解と支援が広がるよう活動を続けていきたい」と、活動の方向性を述べています。

このような当事者の交流と居場所づくりは孤立しがちな親のピアサポートの場としても有意義であり、こうした場がさらに広がることが望まれます。

感覚統合 ●●●● 安定への生活環境づくり

啓之は、学校や家庭、少年補導センターでも人を殴るトラブルを頻発させ、わが家にやってきた。やがて、同居少年からは啓之の夢中遊行がたびたびあると指摘され、啓之自身も打ち解けてくると、「知らないおじさんが頭のなかでいつも話しかけてくる」と、不安げに語った。緊張する場面では眠るなどの行動が観察され、幻聴ないし解離症状の疑いを私は深めた。

症状の程度を知るために子ども版解離評価表で評価を行ったところ、啓之の得点は二七点で、かなり深刻と思われた。実際、啓之には抑うつ状態のときと極めてハイテンションなときがあり、意識状態の非連続性が感じられた。「安全で安心感のある環境」を保障し、見通しのある構造化された生活環境づくりに取り組む必要性があった。

また、啓之は極端に不器用な上、「日光がまばゆい」と訴えるなど、感覚過敏がみられた。カンザス大学のブレンダ・S・マイルズ准教授は、啓之のように広汎性発達障害の子どもの五〇％以上が感覚領域に問題をもち、七〇％以上の子どもが感覚調整機能に問題を抱えていることを紹介している。実際、啓之は同居の子どもに肩をたたかれただけで殴り返し、身体に触られただけで殴られたように感じる啓之の感覚過敏が原因と推測された。

啓之は背筋力などが弱いために身体を一定の姿勢に維持することができず、食事中に身体が傾いてしまうので、リズム体操やウエイトトレーニング、腕立て伏せ、腹筋運動などに取り組ませた。このような身体制御力向上や感覚統合の働きかけを通じて、啓之はみるみる力をつけていった。

しかし、啓之は部屋の片付けなどを指示されても、どのように手をつけてよいかわからない様子を示した。そこで、補助者を付けて言葉かけを行いながら実行させるとともに、引き出しに張り紙やマークをつけて、その理解を促した。このような視覚的情報の提示を中心とする「構造化された指導」と、ホーム内の少年たちによるサポートを重視し、啓之の抱える困難さに配慮した生活を組み立てた。

さらに、啓之が混乱しないよう、談笑などの団らんをする部屋、指導する部屋などを機能にしたがって区別するなど、「物理的な構造化」を行ったところ、啓之はそのような環境に順調に適応するようになった。問題行動などがあれば改善表、自発的な推奨行為には善行表に印を付け、啓之もこの方法によって自らの目標と頑張りを確認し、少年たちの推薦による「努力賞」を毎月受賞し、次第に自信を深めていった。

啓之は、のびやかに生活するホームの入所少年の多くがかつては虐待的な環境で育ち、発達障害を有し、その二次障害から非行や精神医学的症状を出して入所した経緯を知るにつれ、「ぼくって『普通』なんですね」と語り、大勢の人の前ではともかく、私たち夫婦に対しては、「当意即妙」のユーモアにあふれた会話を行うようになってきた。ホーム内で安定をみせてきたので、次に登校への取り組みに取りかかった。（続く）

こらむ

発達障害の子どもがもつ感覚過敏

発達障害の子どもたちが抱える感覚（知覚）過敏は、案外見落とされがちで、十分な配慮が必要です。土井ホームの子どもたちには次のような感覚過敏が見られました。

・粉薬が飲めず、のど越しのよい食べ物を好む。
・肌触りの悪い衣類に着られないものがある。
・肩を抱かれるなどの身体接触をいやがる。
・外出すると日光がまぶしいと訴える。

同じ発達障害といってもそれぞれに訴えることが違いますので、行動観察を重ね、子どもの特徴をつかみましょう。ひどい偏食がある場合もありますが、養育者との信頼が重なるとだんだんに軽減していきます。あわてず時間をかけ、ゆっくりと成長をまちましょう。

このほか、人の人相がわからない（相貌失認《そうぼうしつにん》）、極端な不器用（協調性発達運動障害）、すぐに迷子になる（空間認知の困難）、などの特徴を示す場合があり、こうした困難を踏まえた支援が求められます。

教員と協同
親身な取り組みで学校復帰

啓之は、二年も前のトラブルを理由に突然級友を殴ったり、母親と包丁を持って対峙《たいじ》したり、最後には自殺騒ぎを起こして近所の通報でパトカーが出動するなどの問題行動の末、わが家にやってきた。啓之の抱える発達障害の困難を踏まえた環境づくりと指導で、私たち夫婦には極めて安定した関わりをもち始め、明朗な声が出てきて顔つきも明るくなった。

散乱する部屋を見て、私が「ゴミ箱のようだなぁー」と、ため息交じりに感想を述べると、啓之は「ゴミ箱のほうがキレイですよ」と返してきた。また、取材に訪れた記者に、「今日は一〇〇点だった。五教科合計だけどね」といった即妙のユーモアにあふれた会話をみせるようになった。妻は「入所少年のなかで、もっともかわいい」と顔をほころばせた。

　このように啓之がわが家の生活にすっかり適応したことを受けて、私は啓之に中学校登校への挑戦を提案した。児童相談所は「啓之は登校困難で在宅指導」という指導方針であり、啓之自身も強い抵抗を示したが、「今日は校門をくぐるだけ。一歩踏み入れたら帰ろう」と、私は説得した。二日目は校長へのあいさつで五分、三日目は養護教諭との面談で一〇分、四日目は三〇分間の学校滞在と、スモールステップで取り組みを進めた。

　しかし、学校内の連携が十分でなく、「当初は校内に三〇分滞在」という学校側との合意が養護教諭に伝わっていなかったために、下校しようとする啓之と養護教諭が押し問答するトラブルになった。学校と再度協議の結果、生徒指導室を改造し、個室での個別学習にフレンドリー教員が専従でつき、生徒指導部の数名の教師が補佐するという態勢をとることになった。

　こうした学校側の特別支援教育の理念を踏まえた丁寧な対応によって、啓之が在校する時間が一時間、二時間、三時間と延び、やがて午前中は滞在できるようになった。放課後や休日にもドライブや食事に連れていくなど、親身な教員たちの取り組みが続いた。

啓之はやがて、家庭だけでなく学校においても、その内面に抱えていた根深い対人不信を他人への信頼にだんだんと置き換えていった。

私は、啓之に高校受験への挑戦を提案した。今度は力強くうなずいた。中学一年レベルに戻って学習指導を行ったが、私が担当した数学では例題は解けても応用ができないなどの困難さを見せた。しかし、妻の担当した英語はわずか三カ月の指導で三年分の英語の課程を終えるなど、啓之はまるでカメラで撮影したかのような記憶力のよさを見せた。

そして、啓之は与えられた課題をまじめに取り組み、高校入試に合格した。啓之は全体の卒業式が行われた日の午後、校長室で正装した二〇人の教師が見守るなかで卒業証書を受け取った。それは、学校と家庭が発達障害の子どものもつ困難さを踏まえて適切に理解し、連携協同して対応すれば、重篤な二次障害を起こした子どもであっても、学校復帰が可能であることを、啓之が証明して見せた瞬間でもあった。

こらむ

被虐待児の親の問題

あいち小児保健医療総合センターを受診した子ども（八一七名）の親にもさまざまな問題が見られ、一三六人の親がカルテを作られました。このうち、うつ病（五二名）、高機能広汎性発達障害（二五名）、ＰＴＳＤ（一七名）、解離性障害（一一名）、境界性人格障害（九名）などが主要なものですが、このなかで、母子ともに高機能広汎性発達障害という組み合わせがしばしば子ども虐待を生じやすいことを、心療科（児童精神科）部長の杉山登志郎医師は指摘しています。

実は、啓之の母親に啓之の症状を伝えたところ、母親は自分自身に思い当たるところが多く、小さい頃の自分にそっくりだと語るようになりました。こうしたことから、発達障害への支援は生涯にわたってなされるべきものであり、それは母子ともに支援対象とすべきだと考えられます。

メタ認知●●●●一貫した応答重ね発達

被虐待児や発達障害児に共通して指摘されるのは、総じて「メタ認知」能力や実行機能が脆弱《ぜいじゃく》であることだ。メタ認知能力とは、自らの思考や行動を客観的に認識し、制御する力で、自己コントロール（制御）と自己モニター（監視）する力から成り立っている。一方、実行機能とは計画を立て、物事の優先順位を決めて作業に取り組む能力である。虐待はこのような機能を破壊し、発達障害児は生得的に脆弱である。

大阪大学大学院の藤岡淳子教授は、被虐待児が示す状態像と非行児の行動が類似しており、治療と処遇は重なる部分が多いと指摘している。だから、こうした困難を抱える子どもへの接し方には、一定の共通した工夫が必要だ。

太一は、激しい非行も止まったので、三年遅れの高校進学を相談するために出身中学を訪ねた。願書を手に現れた教師は、太一の当時の非行を話し出した。

五年前のことにさかのぼるものだから、なかなか話が終わらない。横にいる私も針のむしろに座った気分である。四〇分過ぎてやっと「説教」は終わった。その代価としての願書を手に校門を出たところで、太一が吐き捨てるように言った。

「うざいッス」

「ずいぶん迷惑かけたから、おわびをしなければナァー」と、私は一言だけ話した。

春が近いとはいえ、校門を吹き抜ける冷たい風にコートの襟を立て、太一と帰路を急いだ。

奈良教育大学の岩坂英巳教授によれば、子どもに指示するときには、次ページの図のようにやるといいという。こうした技法の背後にあるのが、三つに分類した行動に対する対応の仕方だ。すなわち、

①子どもが「してほしい」行動をする際には、すかさずほめる。

②子どもが「してほしくない」行動をする際には、無視する。

③子どもが自分や他人を傷つける「許しがたい」行動をする際には、阻止する。

この原理は、望ましい行動は注目と賞賛で強化し、望ましくない行動は無視すること

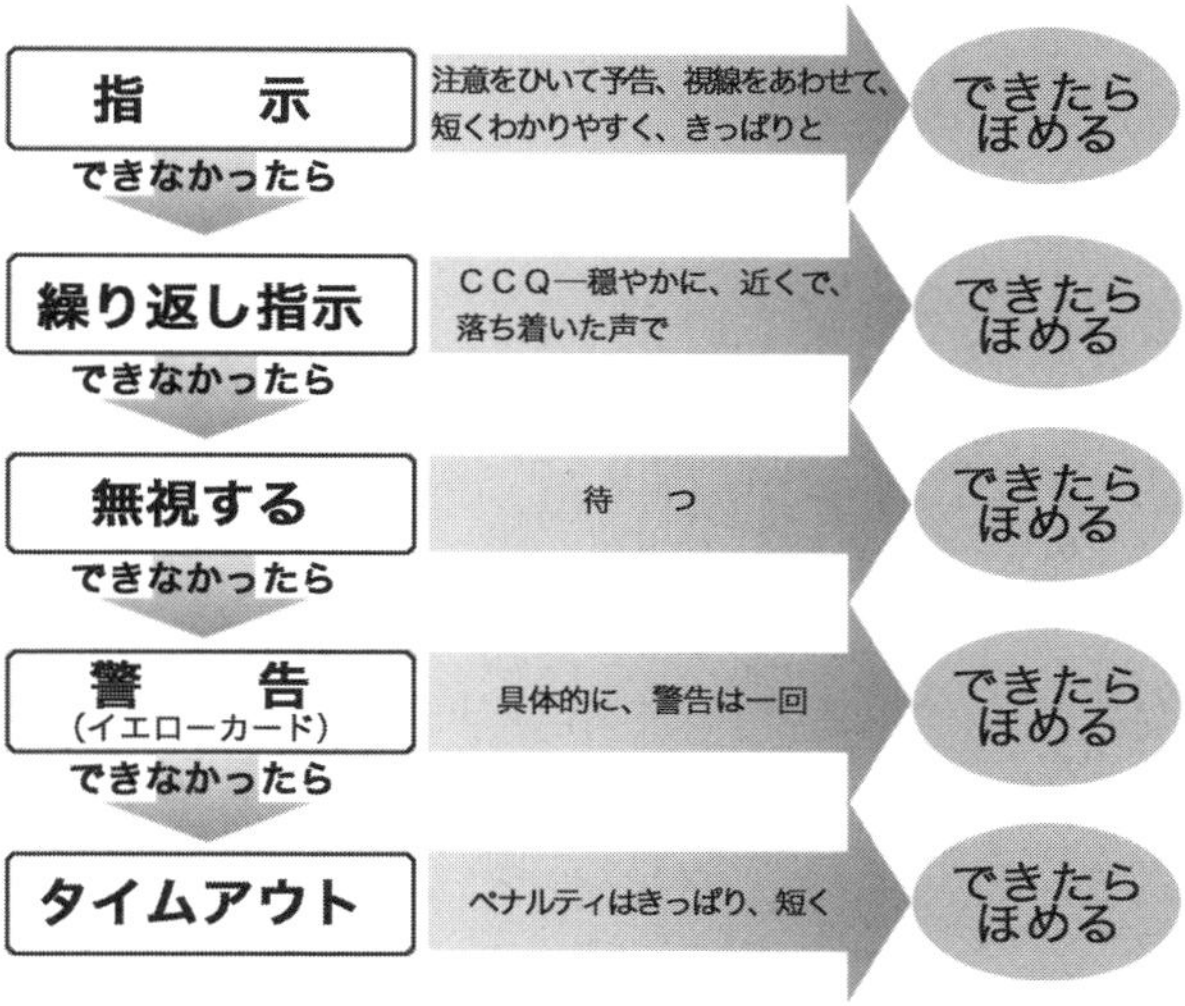
指　示
注意をひいて予告、視線をあわせて、
短くわかりやすく、きっぱりと
できたらほめる
できなかったら
繰り返し指示
ＣＣＱ―穏やかに、近くで、
落ち着いた声で
できたらほめる
できなかったら
無視する
待　つ
できたらほめる
できなかったら
警　告
（イエローカード）
具体的に、警告は一回
できたらほめる
できなかったら
タイムアウト
ペナルティはきっぱり、短く
できたらほめる

※岩坂英巳さんの論文「ＡＤ／ＨＤのある子どもの親へのペアレント・トレーニング」（『こころの科学』134 号、日本評論社）を著者が一部改変

子供に指示するときには

で消去していくという行動療法の原則に忠実に則ったものである。

実際に、「してほしくない」行動をする際に無視するということは、なかなか容易でない。だが、こうした「望ましくない」行動に注意し、叱ることは、学業やスポーツで自己を表現できない子どもにとって、一時的にも関心を集めることができ、その行動を強化することにつながる。たとえば、レストランで退屈した

（状況・きっかけ）から騒いだ（行動）ので、〈注意してもきかないので〉おもちゃを買ってもらった、という場面を考えると、子どもは何度も注意されたことよりも、最後におもちゃを買ってもらったという結果により、自らの不適応行動を強めてしまうことになる。ほめるための待ち時間でもある、無視することが結局、効果の上がることはすでにアメリカで証明されているという。

このほか、デジタル的な指示や視覚的な指示も効果的だ。声の大きさをコントロールできない子どもには、「今の声を一〇としたら、五の大きさでいいな」と数字で示し、顔を異様に接近して話しかける子どもには「腕の長さ分、離れたところから話しかけなさい」と具体的に指示する。

このほか次のような工夫が困難をかかえる子どもには効果的である。

①子どもに指示するとき

・予告をして実行させる

「ゲームを止めて宿題をしなさい」と突然言うのでなく、「一〇分したらゲームを止めて宿題をしなさい」と、あらかじめ予告して実行を促す。

・肯定形で指示する

指示するときには、「……しちゃだめ」と否定形で言うのでなく、「……しなさい」と肯定形で言う。

・ワンセンテンス・ワンミーニング

「Aをして、Bをして、それからCをしなさい」といった指示を避け、「Aをしなさい」。それが終わったら、「Bをしなさい」といった具合に、ワンセンテンス・ワンミーニング（一回の指示で一回の行動を促す）の原則を守る。

・単純な指示

「……でないことはない」といった二重否定形の表現でなく、「……だよ」といった単純な表現を心がける。

・「壊れたレコード」テクニック

指示する際に、子どもの言い訳に反論したり、巻き込まれることなく、ひたすら指示内容を繰り返す、「壊れたレコード」テクニックという技法も有効だ。

・メモで指示

聴覚的な弱さをもっている子どもにはメモにして渡す。

・原則を守る

子どもがなにかしらの要求をしてきた結果、それがルールに抵触する場合には、原則を守るようにする。

②注意するときには

・「ＣＣＱ」という原則

子どもを注意するときには、穏やかに（calm）、子どもに近づいて（close）、静かに（quiet）なされるべきだという「ＣＣＱ」の原則も知っておきたい。

・毅然と短く話す

注意するときには、毅然とした態度を保持しながら簡潔に注意する。

・終了時にはほめて終わる

「最後までよく話が聞けました」「応援しているからがんばりなさい」と、子どもをエンパワメントして終了する。

③叱るときには

・部屋を決める

指導の際には一定の決めた部屋で行うようにする。

・「お叱りモード」に入れる

叱る際には、「いまから、君がA君にケガをさせたことについて叱ります」といった具合に、子どもをお叱りモードに入れてから話し始める。

・問題を広げない

過去の問題行動を蒸し返すことなく、焦点になっている問題行動だけに絞って話す。

・座り位置を変化させる

対峙する際には向かい合う。励ます場面では横に座る。

こうした技法と同時に大事なことは、安心で安全な環境である。このような環境が、子どもには「養育者に守られている」という感覚をつくり出す。その上で繰り返し一貫した応答を重ねていくことが、自省的・統合的な「メタ認知」能力の発達を促進すると、虐待被害児の治療で知られるF・パトナム医師は述べている。

馬耳東風、鼓膜がないのではないかと思われた太一であったが、こうした取り組みを通じて落ち着きをみせていった。学習に取り組んだ結果、中学では一ケタだった点数が、高校では八〇点平均となった。自信を得た太一はまず非行を卒業し、やがて高校も卒業し今は自立している。

解説　メタ認知能力・実行機能の問題

ＡＤＨＤとＰＤＤの両者に共通する問題として、メタ認知能力、そして実行機能の障害の問題が指摘できると考えられます。ちなみに、これは発達障害の少年だけでなく、被虐待状況に置かれてきた子どもにもしばしば共通する問題であると考えられます。東京成徳大学の海保博之教授はメタ認知能力について、以下のように整理しています。

メタ認知能力は自己モニタリングと自己コントロール力の二つの側面から構成されますが、自己モニタリングは、さらに次に三つの領域からなっています。

①自分は何を知っていて何を知らないかを知る（知識についてのメタ認知）

②自分は何ができて何ができないか、どこまでできるかを知る（能力についてのメタ認知）

③自分の今の心の働き、心の状態がどうなっているかを知る（認知状態についてのメタ認知）

そして、もう一つの自己コントロール力には、次の二つの局面があるとしています。

①「目標遂行と認知状態に応じた対処方略を選ぶこと（方略選択についてのメタ認知）」

②「対処方略を実行し評価し訂正する（行為の実行と評価についてのメタ認知）」

この二つの局面は、ＰＤＳ（計画―実行―評価）のサイクルのなかに位置づけられます。つまり、方略選択についてのメタ認知はＰ（計画）段階で、行為の実行と評価についてのメタ認知はＤ（実行）段階とＳ（評価）段階で問題にされることになるのです。そして、こうしたメタ認知統合機能と関係が深いのが実行機能です。

京都大学の船橋新太郎教授によれば、人がある目的を遂行するためにさまざまなプロセスや感覚系、運動系などの機能系をうまく協調して働かせる仕組みが実行制御（executive control）とよばれ、このような仕組みによって生み出される機能が実行機能（あるいは遂行機能、executive function）とよばれます。物事を処理していくためには外界の出来事をモニターしたり、その出来事のなかで個体に必要な情報に注意を向けたり、関連した情報を長期記憶のなかから取り出したり、その取り出す、もしくは選択した情報を他の情報と統合したり、操作した

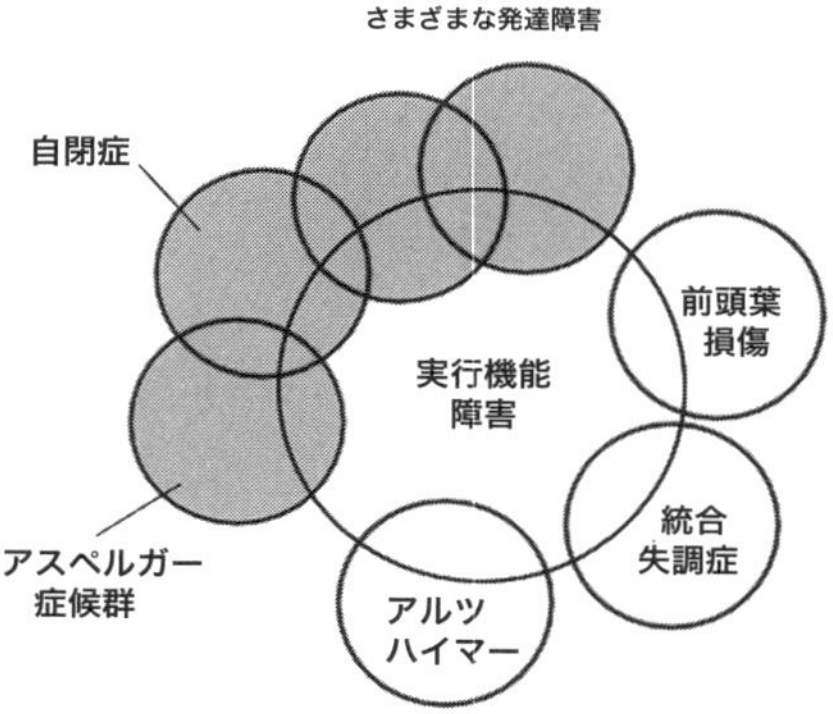

実行機能障害に関係が示唆される疾患　※鴫原良仁さんの論文より引用

りして、新たな情報を作り出すこと、新たに生成された情報を必要な部位に出力すること、不必要な出力を抑制することなどが必要であり、これらのプロセスがうまく協調して働く必要があります。これらの働きが実行機能とよばれるものです。

また、大阪市立大学の鴫原良仁《しぎはらよしひと》さんは、実行機能を以下のように定義しています。

①未来のために計画を立てる能力
②自己の行動をつかさどる能力
③反応を抑えたり（適正な時期まで）遅らせたりする能力
④行動を柔軟にする能力
⑤情報を統合する能力

鴫原さんは、一部の発達障害は時期を過ぎても十分な「実行機能」が発達しないことで説明できるとし、ＡＤＨＤ、トゥレット症候群、強迫性障害、早期に治療を受けたフェニールケトン尿症など児童期の病態がこれに該当すると指摘しています。

このような実行機能の障害がさまざまな社会的場面や学校場面での適応の困難さにつながり、結果としてさまざまな問題行動につながっていく危険性が生じてくると考えられます。

対人不信

交流が思いやり育む

「鈴虫の音を聞くと秋の訪れを本当に感じるな」と私。敬一が応えた。

「僕のお腹の虫も鳴いています」

窓際に立って月を眺めながら、背中越しに敬一と言葉を交わしていた私は、笑いながら言った。

「早く食べなさい」

「はい。いただきます」

午後一一時。定時制高校で給食があるとはいえ、帰りつくと空腹になるようだ。妻が用意していたトンカツにかぶりつく様子を眺めながら、この五年の歳月を思い返していた。

「親なんてしょせん同じ屋根の下に住んでいる他人」

長期間食べるものがなく、水だけで過ごした敬一は親をそう評した。根深い対人不信を抱えてやってきた敬一だったから、容易には心を開かなかった。

「ぼくは犬ぞりの一番後ろの犬。たたかれるためだけに存在する。なんで世界はこんなふうに回るのだろうと恨みながら走る犬だったんです」

敬一は言葉の表現が巧みだが、背後には対人関係の障害や、こだわりの強さがあることに気づいた。ある日、なにげなく聞いた。

「わが家に来てどれぐらいになるかな」

敬一は正確な時間を瞬時に答え、私を驚かせた。彼のなかではいつもストップウォッチが動いていた。虐待や自閉性障害のゆえ、外界は侵入的で不安に満ちた世界と受け止めているのだと推測した。

安全で安心の毎日を心掛けているうちに、敬一の内部のストップウォッチが止まっていることに気づいた。

「世間はそこまで正確さを要求していないことがわかりました」

敬一はそう言った。

対人関係の困難さも、かかわり方がわからないだけだった。丁寧に教えていくうちに身近な大人と交流し始め、私たち夫婦にはとりわけ愛着を示すようになった。

そこで私は高校行きを勧めた。一人の友だちもできなかったし、担任と一言も言葉を交わすことはなかったが、四年間休まず通った。成績が上がり自信をつけた敬一は交流する世界を広げ、教師とも会話することが可能になった。同居の年長者には敬老の日に茶碗や箸を贈り、父の日や母の日には私たちを外食に案内するようになった。

今年は映画を見に行った。三人並んでポップコーンを食べながら見た後、敬一は夕食も計画していると言った。妻は映画だけで十分と断ったが、敬一は強く主張し、三人でうどん屋ののれんをくぐった。

「上エビ天を注文してください」

そう言うと、自分の分には素うどんを注文した。「財布にはあと七〇円しかない」と、理由を明かした。夫婦でエビ天を一本ずつ敬一の丼に乗せた。その日のうどんは容易にのどを通らなかった。無言で食べた。言葉はいらなかった。窓の外では月が明るく差していた。

解説　広汎性発達障害（PDD）

広汎性発達障害は自閉症スペクトラム（連続体）ともよばれ、自閉性障害、アスペルガー障害、特定不能の広汎性発達障害（非定形自閉症を含む）など、社会性の発達の遅れを中心とする発達障害の総称です。

DSM-Ⅳによれば、広汎性発達障害の特徴は、以下の通りです。

①対人関係（社会的相互交渉）の障害

・目と目で見つめ合う、顔の表情、体の姿勢、身振りなど、対人関係における相互の交渉や交流を調節するさまざまな非言語性行動の使用に関する明らかな障害。

・年齢相応の仲間関係をつくることの困難。

・楽しみ、興味、成し遂げたものを他人と共有すること（例：興味のあるものをみせる、もってくる、指さす）を自発的に求めることの欠如。

・対人的または情緒的相互性の欠如。

②コミュニケーションの障害

・話し言葉の遅れ、または完全な欠如（身振りや物まねのような代わりの意思伝達の仕方により補おうという努力を伴わない）。
・十分会話のある者では、他人と会話を開始し継続する能力の明らかな障害。
・常同的で反復的な言葉の使用、または独特な言語。
・発達水準に相応した、変化に富んだ自発的なごっこ遊びや社会性をもった物まね遊びの欠如。

③反復的・常同的行動、狭い関心や活動性
・一つまたはいくつかの興味だけに熱中すること。
・ある特定の習慣や儀式にかたくなにこだわることが明らかである。
・常同的で反復的な衒奇《げんき》的運動（たとえば、手や指をぱたぱたさせたりねじ曲げる、または複雑な全身の動き）。

ところで、自閉症の脳機能障害の特徴を、脳神経小児科医の橋本俊顕さんは以下のように説明しています。
・マインド・ブラインドネス（人の気持ちを読み取ることの障害）
・実行機能の障害（計画、努力、我慢に関する障害）

・中枢統合機能の障害（要らない情報の切り捨てと、要る情報の選択の障害で、情報量が多すぎて適切に処理できない）
・感情認知の障害（人の感情を読み取れない、表情を推し量れない）

こうしたことが自閉症の非社会性の要因にもなっているのです。

また、橋本さんはこれを情報処理の観点から整理して、以下のような特徴を指摘しています。

・刺激の過剰選択性（情報を整理できずに過剰に取り込んで混乱を起こす）
・継次処理過程（並列処理ができない。一つずつしかできない）
・視覚優位（聴覚よりも一般に視覚に強みをもつ）
・一般化の困難性（応用が利かない）
・因果関係の理解困難（目に見えることは理解可能だが、目に見えないことは理解困難）
・時間、空間の理解困難（過去と現在の区別に困難を抱え、迷子になりがち）
・社会的認知困難（おじさんやいとこといった関係性理解が困難であり、私服刑事を警察官と理解できない）
・コミュニケーションの困難（場の空気を読めず、自分の関心を一方的に話す）

連続性の欠如

変わらぬ安定感保障して

被虐待児治療で知られるアメリカの医師、Ｆ・パトナムは、治療施設で心的外傷児童への治療計画がしばしば変更され、時には治療要員が全く変わってしまっていることに驚きを示し、嘆いている。同様に、子どもの心理療法家で知られるＤ・Ｍ・ドノヴァンとＤ・マッキンタイアも、アメリカでこうした心的外傷児に対する援助において、恒常性の重要性を十分に理解していないケースが多々あることを指摘している。このように、臨床現場における恒常性や連続性の欠如が、傷ついた子どもの回復に大きな悪影響を及ぼすことは多くの研究者が指摘している。

幸太は抑うつ状態でわが家にやってきた。穏やかな毎日の暮らしのなかで静かに見守りを続けた。しばらくして聞いてみると、学校の体育館の裏で同級生に繰り返し根性焼き（たばこの火を手の甲に押し付ける）と、授業中、後ろに座った生徒からコンパスで突き刺される被害に遭っていたという。手の甲に並ぶやけどのあとが痛々しかった。なにより長期間繰り返される恐怖体験は、子どもの心に深い傷を与える。

「心配するな。守ってやるからな」

幸太にそう声をかけた。さっそく学校に連絡をし、対応をお願いした。初めはいぶかしげに電話に出た担任教諭は、話を聞き終わったころには恐縮して、「解決に全力をあげます」と答えた。安全の見通しを得た幸太は、安堵《あんど》の表情をみせた。

もともと幸太の家庭では、母親が二、三年ごとに離婚と結婚を繰り返し、度重なる養育者の変更で、幸太には家庭のなかに居場所がなかった。しかも、母親は夫婦間の危機に心を奪われ、幸太の発するＳＯＳに気がつかないままであった。幸太自身も母親が直面する危機を前にけなげにふるまっていたが、精いっぱい背伸びしていた心のバネが伸び切ったとき、幸太自身の危機が訪れた。

変わらぬ安定感のある毎日を保障しながら、最初はおずおずと、やがてだんだんとリズミカルに発せられる幸太の言葉を受け止め、投げ返すキャッチボールを繰り返すことで、幸太はその内面の復元力が大いに働いて、やがて目にも輝きが増して、子どもらしい元気を取り戻していった。

ところでアメリカをはじめとして、多くの国が大規模施設を廃止し、里親委託を中心に据えている。その理由は、なによりも家庭がもつ「時間と空間の連続性」、子どもに寄り添う里親という存在とその言動の「首尾一貫性と整合性」が、子どもの傷ついた心身の回復と健やかな発達の上で大きな力となることが実証的にわかったからであろう。家族の絆と家庭を失った子どもに、代わりの家庭を用意することは社会の大人の責任である。二〇〇八年、政局が一気に不透明となって廃案となった児童福祉法改正案には、里親制度の充実がうたわれている。少子化の一方、被虐待児は増加の一途をたどっており、社会の支援を必要とする約四万人の要保護児童が、近い将来一〇万から一二万人になるという予測がある。その対策は急務である。

解説　対象恒常性とパーマネンシープランニング

子どもは家庭で

すべての子どもは、家庭のなかで家族の一員として育てられる権利があります。これは、子どもの権利条約にも明確にうたわれており、国際社会の共通理解です。

その意味で、同二〇条にうたわれているように、施設養護はどうしてもそれしか選択の余地のないときにのみチョイスされるものなのです。したがって、家庭的養護が第一選択肢であり、施設養護は家庭を離れざるを得ない子どもに対しては優先順位としては第二選択肢となります。

日本では、家庭を失った子どもの九割が児童福祉施設で生活をするという、国際社会ではすでに過去のものとなっている特殊な養育がいまなお主流を占めています。もちろん、施設では、子どもの保護、養育、自立支援のために、与えられた条件のなかでさまざまな工夫や努力を行っています。また、施設職員は保育士等の資格を有しており、近年は臨床心理士や看護師などの配置も進み、そうした専門職集団が存在することが強みであり、いつでも、さまざまな子どもを受け入れることが可能な点で優位です。

青山学院大学の庄司順一教授は、そうした施設の努力や強みにもかかわらず、子どもが健

康に育つための条件という点では、達成が困難なことが多いと指摘しています。具体的には、
①安全で安心できる環境に関して、施設内虐待や暴力がかなりの頻度で発生している。
②子どもが自己肯定感をもつために必要な職員との関係の継続が困難である。
③食事のメニューが決まっているなど、ノーマルな生活を体験することが困難である。
こうした指摘を踏まえ、社会的養護の関係者は、「子どもは家庭で育てられる」権利を有していることを再認識する必要があるでしょう。

児童福祉施設で育つ子どもの困難

厚生労働省の発表によると、三二九九人の乳幼児が乳児院に在籍しており、このうち、三六四人（一一・〇％）は、両親ともいない、不明、不詳となっています。そして、今後も、一八六二人（五六・四％）の乳幼児が引き続き乳児院や児童養護施設に入所継続する見通しとなっています（平成二〇年二月一日現在、児童養護施設入所児童等調査結果）。

愛知県児童相談所に勤務していた社会福祉士・矢満田篤二《やまんたとくじ》さんは、こうした集団型施設のなかで、親子の間に育まれるような愛着形成に恵まれず、家庭体験も味わえないまま八時間ごとに交替する職員たちの手で育てられている現状に警鐘を鳴らしています。一定の養育者でな

く、交替勤務によって養育者が変更されるといった、対象恒常性を欠いた養育は、当然にも子どもたちに大きな影響を与えます。

とくに、生後六カ月以上の乳児は愛着形成という観点からも集団養護では反応性愛着障害におちいる危険性が高まることから、親密で安定した継続的な人間関係、すなわちアタッチメント関係を形成しやすい養育環境に移すこと、具体的には、保護された子どもは、乳児院から里親をはじめとした家庭的養護にすみやかに子どもを移すシステムづくりと関係者の取り組みが求められるでしょう。

愛知県での取り組み

愛知県児童相談所では、こうした子どもたちを少しでも減らして、家庭のなかで育てられるようにと、二〇年以上も前から、産みの親との縁が薄い乳幼児には、里親家庭を見つけ、積極的に（特別）養子縁組を進めてきました。その後、長野県にもこの活動が拡がっています。

矢満田さんは、今後の課題と方向性について次のように整理しています。

①措置年齢の延長

児童福祉法に基づく里子委託等の措置年齢を二〇歳まで可能とすること。かつ、自立準備のために必要と認められる場合は、二二歳まで措置を延長できるように改訂すること。

　矢満田さんは、イギリスのダドリー市の児童福祉機関では、すでにこのような法制度の下で非行少年たちを専門里親に委託していると述べています。矢満田さんが面接した二一歳の青年自身や受託している専門里親は、この制度の意義を認めており、里父は、里親手当で家計を維持できるため他の職業に従事していないことを紹介しています。

②恒久的処遇策の基本化

　児童相談所や家庭裁判所は、パーマネンシープランニング（恒久的処遇策）を要保護児童・青少年の処遇方針の基本とすること。特に、乳幼児に関しては、レイプ妊娠や置き去り棄児、中学生などの若年妊娠などについては、将来とも実親との同居が期待できないケースが多いので、安易な乳児院措置とすべきではなく、積極的に養子縁組を進めて、養父母に民法に定める監護義務者としての役割を重視すること。

③民法（親権規定）の抜本的改定

　アメリカ・オレゴン州の法制度にならい、民法の親権規定を抜本的に改定して、子どもと同居せず養育していない実親の親権に関しては、別居した時点から公的親権制度に移行させて一年間（〇歳児に関しては六カ月間）の改善・修復努力を観察し、親としての同居・養育義務を果たせないと判断したときは、親権を剝奪して実親の同意がなくても養子縁組を可能とすること。

矢満田さんは、愛知県児童相談所が過去一〇数年間に取り組んできた新生児養子縁組・里子委託の結果、一四年間に、一〇一人の赤ちゃんが乳児院に長期入所することなく養親家庭に引き取られており、全国の他の児童相談所には例をみない実績をあげ、反応性愛着障害の発症防止に大きく寄与しているとその成果を紹介しています。このような矢満田さんらの提案を社会はうけとめ、考慮する時期にきているでしょう。

二次受傷　手を差し伸べる人を攻撃

「あなたは、どうせ見捨てられないと言うんでしょ。私が児童相談所に行って引き取るように話してきます」

妻は、新しくやってきた猛夫の激しい行動にすっかりまいっているようだ。「肩を揉《も》んでやろう」「食事にでも行こう」と言ってもなだめても、「そんなことではごまかされません」と、いつになく強硬である。

「猛夫の顔を見るだけで心臓がバクバクいい、頭が痛くなって、もうダメです。返さないというなら、私がこの家を出ていきます」

そう言うと、妻はワーッと泣き出した。初めて見る妻の姿に、私は深刻な事態に至っていることを痛感した。

わが家に来る子どもは総じて激しい虐待を受け、心身に深い傷を抱えている。暴力的な養育者の前で凍結させていた心の傷を、施設職員や里親がどこまで受容するのか。子どもたちは、試し行動（リミットテスティング）や虐待の再演などの激しい行動化を示す場合が少なくない。実は心身の回復への途《みち》ではこうした攻撃性を表出させ、その攻撃性を適切に処理することが、ケアワーカーには求められている。だが、子どもたちはハリネズミのように大人不信のハリを突き出しており、そのハリで自らも血を流しながら、手を差し伸べる周囲の大人を激しく傷つける。

本来なら、環境を整え、時間をかけて子どもの復元力が働き出すまで、心理的にも子どもとの「間」をとって進めるべきプロセスなのだが、猛夫の外傷体験は激しさを超え、恐ろしいほどの物語であり、猛夫自身も周囲へのけん制や威嚇《いかく》、時には同情を引き出すなど操作の手だてとしてその恐ろしい物語を語るために、妻はそのクモの糸にからめとられてしまったようだ。

月に数度の面接が前提の心理カウンセラーや、職員が交代制である養護施設に比べ、里親は二四時間の生活全体で関与できること、同じ確かな大人が応答を続ける対象恒常性を維持している点で、時間の連続性や人の一貫性で優位である。

だが、妻のように傷ついた子どもの世話を通じて二次受傷を被り、心身の安全感を喪失して燃え尽きると、逃げ場がないだけにその優位性が逆に作用して消耗感と孤立感が高まる。私はさっそく児童相談所に電話して事態を説明するとともに猛夫にかかわる関係者すべてに連絡をして、猛夫支援のための社会的資源の導入と連携に動き出した。

私は猛夫を呼んだ。猛夫はいつものように攻撃的な言葉を投げかけ、恐ろしい物語を語ろうとした。私はそんな猛夫にストップをかけた。アメリカの精神科医、Ｊ・ハーマンは、「安全の確立」という第一段階を終了する際に、患者も治療者も安全感が要求する諸条件に目をつぶって、「外傷物語の再構築」という治療の第二段階になだれ込みたい誘惑に駆られることを警告している。回復は短距離でなく、マラソンなのである。

猛夫には心身の安全感と行動のコントロールが最優先と考えた。私は静かに語り出した。猛夫は内面の不安を覆い隠そうと虚勢を張り、肩を怒らせて対している。面接室は緊張感に包まれた。（続く）

こらむ

ヘルプを訴える

　猛夫の処遇に関して、身近な人を対立させようとする操作性の高さはともかく、バットを振り回したり刃物を出して人を脅すなどの猛夫の重大な人権侵害行為に及んだ際に、一時保護などを断固として行うという土井ホームの原則が猛夫への適用において緩んでいなかったか、再検討する必要があると考えています。ホームの安全が最優先課題であるという限界設定を守れないときに、このような事態を招くことをホーム運営者の私はあらためて総括すべきであると言えましょう。

　それと同時に、こうした社会性が乏しく、しかも激しく周囲を傷つける子どもをケアしなければならない対人援助職には二次受傷が避けられないとするなら、仕事の悩みを一人で丸抱えせずに、周囲にヘルプを訴えることがなにより大切なことです。川崎市里親会会長を務める庄司順一・青山学院大学教授は、里子の激しい行動に翻弄され、傷つきを訴える夫人の言動を紹介しています。こうしたケアワーカーの内面の弱さを隠すのではなく「ひらく」ことが求められていると考えます。こうした「ひらく」取り組みの重要性を日本女子大学の林浩康教授も強調しています。

　社会がこのような子どもをケアをする里親や施設職員などのケアワーカーへの支援をなぜ手厚くする必要性があるのか、問題提起をし、理解を深めていただくためにあえて文章にしました。

子どもが里親宅や施設で虐待を受けることはあってはならないのは言うまでもないことです。しかし、そうした言葉は現場をよく知り、十分に社会的な支援が行われた後に、初めて意味があると思えてなりません。

里親や施設職員による虐待事例が報道されるたびに、日本の荒涼たる子ども臨床の現場で傷つくワーカーの姿が思い浮かばれ、そうした当事者を非難するだけでよいのか、現在のシステムはどうなのか、私は疑問に思うのです。子どもが二度と傷つかないようにするためにも、それをケアするワーカーを社会全体が支えること、支援する人を支援する仕組みが求められていると考えます。

ところで、自助グループがさまざまな分野で効果をあげています。各地で始められている里親サロンも同様の効果を目的とするものです。日頃はそれぞれの家庭における養育でともすれば孤立しがちなだけに、相互にその困難を語り合い、受け止められる「ピアサポート」「ピアカウンセリング」などを通じて、里親自身の相互作用によってエンパワメントする里親サロンの意義は高いものと思われます。

それと同時に、児童相談所の担当児童福祉司や児童心理司は、里親にとって有力な社会的資源であり、里親などの家庭的養護が日本の社会に定着するかどうかは、児童福祉司によるソーシャルワークにかかっていると、京都府立大学の津崎哲雄教授は指摘しています。

さて、猛夫のような困難な子どもほど多くの社会的な資源を投入する必要があり、直接処遇のケアワーカーが丸抱えするのでなく、児童福祉司や児童心理司との連携・協働こそ重要といえましょう。

この点に関しては、二〇〇八（平成二〇）年に成立した児童福祉法では、里親支援のためのＮＰＯの活用が可能とされ、これに成功した韓国の社会的養護関係者との交流も活発化しており、今後その活動が大いに期待されます。

このほか、施設職員には研修の機会を保障することが重要と思われます。また、年休取得の奨励や、被虐待児対応の緊急チームの発足などの取り組みも有効でしょう。施設内虐待防止のためにも複数の職員で対応することを原則とすることが重要です。第２部でそうした取り組みやアイデアを紹介していますので、ご覧ください。

傷の回復

援助者の燃え尽き対策を

猛夫は同居児を殴り、注意をすれば白目をむいてキレ、あるいは近所に響くような叫び声を上げげた。こうした猛夫の激しい行動化に、妻はすっかり参ってしまった。

私は猛夫に言った。

「つらい思いをいっぱいしてきたおまえを引き受け、わが家に居場所を作ろうと努力してきたが、妻がギブアップと言っている」

「おまえを見ると心臓が動悸《どうき》を打ち、頭痛がして立っていられないそうだ。妻が倒れたら、ホームは閉鎖だ」

ふんぞり返っていた猛夫が少しずつうつむき出した。

「おまえにはしばらく元の施設に戻ってもらう」

猛夫が私を凝視《ぎょうし》した。

「家族の一員として助け合って生活するのか、これまで同様の生活態度か、よく考えておいで」

「その間に妻を説得する。だが説得できないときには、すまないが片道切符だ」

猛夫はすっかりうなだれた。

「私も努力するから、おまえも努力してごらん」

猛夫は小さくうなずいた。

福島大学の生島浩《しょうじまひろし》教授は、内省力に乏しく他罰的な少年には、「悩みを抱えさせる指導」が重要であると指摘している。私もまた、行為の結果を応報的でなく、真摯《しんし》な反省と謝罪のために少年自身に主体的な選択ができるようエンパワメント（有力化）する面接が大事だと考える。

翌日、妻と二人で児童相談所に向かった。打ち合わせ通り、相談係長、心理判定係長、担当児童福祉司が待っていた。二時間、妻は胸の内を語った。

「つらい気持ちを受け止めてやれず、すまなかった。猛夫を児童相談所に返そう」

私は妻にそう言った。

「でも最後にもう一度だけチャンスをやれないか」

妻は一瞬葛藤の表情をみせたが、無言でうなずいた。安堵《あんど》の空気が広がった。誰もが猛夫を引き受ける受け皿の乏しさを知っていたからである。

翌日から留守を妹に託し、妻と横浜に向かった。ソロプチミスト日本財団での社会ボランティア賞の表彰式に臨むためである。多くの会員で埋まった華やかな会場で、妻は涙ぐんだ。推薦してくれたソロプチミスト北九州西の永田会長たちのさりげない心遣いに、妻の表情もいちだんと和らいだ。財団が用意したホテル、その最上階のラウンジで、その夜、私はワインを注文した。

「三〇年間、ありがとう」

遠くでピアノの演奏が聞こえていた。

「こちらこそ」

よく磨かれたワイングラスがチーンと心地よく響いた。目の前に夜景が広がっていた。

「三〇年間、指輪一つくれなかったわね」

妻がすねた表情で言った。

「おれにとっておまえはダイヤ。ダイヤにダイヤは要らないだろう」

妻が笑った。

「その口に騙《だま》されて三〇年」

今度は私が笑った。

心的外傷体験の核心が「無力化」と「孤立」なら、回復の核心は「有力化」と「再結合」であると、アメリカの精神科医・ハーマンは言う。聖隷クリストファー大学の入江《いりえ》拓《たく》准教授は、看護師や警察官に二次受傷が少なくないとする調査はあるが、戦略やシステムの構築に関しては未着手であると指摘している。その点で、困難な子どもを預かる里親など対人援助職のバーンアウト（燃え尽き）対策は喫緊《きっきん》の課題といえよう。

解説

PTSDとSTS

トラウマ研究の起源は、一八二五年の鉄道の登場とともに発生する鉄道事故に関連して、イギリスの外科医・ジョン・エリクセンが一八六六年に書いた医学的研究論文が嚆矢《こうし》とされます。「鉄道せきつい症」とエリクセンが名付けた症状こそ、今日でいうトラウマそのものでした。

その後、トラウマ研究は一九世紀のフランスで大きく開花します。フランスの精神科医であるブリケは、ヒステリー症状の原因と考えられるトラウマ体験を特定し、ヒステリー症状と子どものころの心的外傷体験との関連性を初めて指摘しました。

当時のフランスでは、子どものころの外傷体験として、虐待された体験、とくに性的虐待が注目されるようになっていました。神経学者・シャルコは、ヒステリー発作が今日でいうところの解離性（dissociative）の問題であること、つまり、過去の耐えがたい経験の結果として生じたものであることを明らかにしました。

その後継者の一人であるピエール・ジャネは、「トラウマ」という言葉を造語し、人が恐怖などの感情を体験し、その体験があまりにも強烈すぎて、従来の認知的な枠に適合できないと、その体験の記憶がその人の意識に統合されなくなってトラウマになると主張しました。つまり、極端な情緒的興奮のために、ある体験の記憶が意識野に統合されなくなり、その結果、大きなショックを与えた出来事に関する記憶が通常の意識から切り離されてしまうという考えをジャネは示し、トラウマがおよぼす心の機能に対する影響に関して、初めて包括的な定式化を行ったのです。

現在、ＷＨＯの国際疾病分類（ＩＣＤ-10）やＤＳＭ-Ⅳの日本語版によれば、「人間の精神にとっての圧倒的な体験（個人の対処能力をこえた）によって、心的メカニズムになかば不可逆的な変化を被ってしまうこと」とされています。わが国にＰＴＳＤ（Post Traumatic Stress Disorder）の概念が入ってきたのは一九九〇年代初頭とされていますが、阪神・淡路大震災のような自然災害や、世間の耳目を集めた地下鉄サリン事件、新潟少女監禁事件、ＪＲ福知山線脱線事故などの犯罪・事故の被害者にも同様の診断が示されるなど、トラウマやＰＴＳＤという言葉や概念はマスメディアを通じて広く一般的に認知されるようになりました。

したがって、シャルコのもとでともに弟子であったフロイトやジャネをトラウマ研究の第一の流れとすると、第二の流れは第一次世界大戦および第二次世界大戦における「戦争神経症」（シェルショック）に注目と関心が寄せられ、多くの研究がなされた時代、そしてさらにはベトナム戦争帰還兵の精神的後遺症が社会的問題となったことによりＰＴＳＤ概念が一般に認知された第三の流れへと続き、近年ではレイプ、近親姦、児童虐待やドメスティック・バイオレンスなどの精神的後遺症もＰＴＳＤと認識されるようになり今日に至っています。

そして、それらトラウマ研究から派生した概念が、二次的外傷性ストレス（Secondary

Traumatic Stress／以下ＳＴＳ）です。ＳＴＳは、日本ではまだ目新しい概念ですが、アメリカでは一九八〇年代前半、ＰＴＳＤを含むトラウマ体験をもった対象者を扱う援助者が、トラウマ体験を経験していないにも関わらず、対象者と共感的な関係をもつことで対象者と同じようなストレス反応を経験することが明らかとなっており、これをＳＴＳと定義しています。

その症状は、

①トラウマ出来事の再体験（出来事の想起、出来事に関連する刺激に対する苦痛他）

②関連する刺激に対する回避／麻痺（思考感情を回避しようとする努力、重要な活動への関心の減退他）

③持続的な覚醒亢進症状《かくせいこうしんしょうじょう》（入眠または睡眠維持の困難、集中困難他）その他、無力感、幸福感の喪失、感情鈍麻《どんま》、物事に対する興味・関心の減退、建設的な未来像の喪失、困惑、孤立無援感、身体的愁訴《しゅうそ》、嗜癖《しへき》行動または強迫的行動など

で、ＰＴＳＤとほぼ同一の症状とされています。

このように、ＳＴＳ研究の歴史は、トラウマ研究の歴史と大きく重なり、時代背景と密接に繋がりをもちつつ発展を遂げ、今日に至っています。欧米では、ＰＴＳＤはもちろんのこと、ＳＴＳに関するさまざまな対象への実態調査や支援のための介入戦略および、その評価に関する研究の蓄積がある一方、わが国においては、ここ数年、災害・事件・事故に関わる警察官、

消防士、救命救急士、看護師などの職種を対象としたＰＴＳＤ関連の調査研究がなされつつありますが、ＳＴＳの視点から行われているものは数えるほどしかありません。

このようなＳＴＳ研究の歴史を踏まえ、聖隷クリストファー大学の入江拓准教授は、トラウマティックな体験を生き抜いてきている対象者との相互交流を通して、共感的な関係を築くという行為そのものを援助技術として繰り返し用いることを要求される精神科看護師にとって、臨床場面は、日常的にＳＴＳを被りやすい環境であると指摘するとともに、里親でもある入江さんは精神科看護師を里親に置き換えても全く違和感がないと述べています。

このように、深刻な心的外傷体験を有する被援助者と日常接触の機会の多い対人援助職は、第二次受傷に被爆《ひばく》しやすいという観点からの対策が求められているといえましょう。

家族の協力

問題だらけ、でも大丈夫

「あんな大変な子どもたち、ぼくにはとても手に負えない」

東京で働く実子の慶司が答えた。上京するたびに、杯を傾けながら話すが、慶司は仕事の話は冗舌に語っても、肝心の帰郷話には首を縦に振らなかった。私はむなしく帰りの飛行機に搭乗しなければならなかった。

窓から見えるあかね色の空もやがて夜のとばりが下り、薄墨を引いたような雲の切れ間に家々の明かりが見え始める。その明かり一つひとつにそれぞれの家族の暮らしがあるに違いない。感傷的になった私は妻が語った慶司の言葉を反すうしていた。

「お父さんはよその子どもばかり一生懸命になって、ちっともぼくを見てくれてない」

遠隔地の全寮制高校に一人で旅立ち、大学入試も入寮手続きも一人でやって、社会人となった慶司。まったく手のかからない子どもだと思いこみ、心の底にある寂しさに私はうかつにも気づかなかった。妻が言った。

「慶司も大事なわが子。向き合ってくださいね」

私は上京するたび、繰り返し会った。

「すごい熱気ですね」

六年越しの説得が実り、滋賀県で開催された日本ファミリーホーム協議会の研究全国大会に参加した慶司が言った。最初は硬い表情だった慶司が、社会的養護の第三の道を模索するばかりか、日本の親子関係や家族制度の新たな形態を創造しようという会場の熱気にふれ、その内面でなにか変化が生じているようであった。

「帰ります」

慶司の言葉に、私は喜んだ。だが、子どもたちには思わぬ反応を呼んだ。

「ぼくはもう用なしですね」

私たち夫婦の父の日、母の日に贈り物を欠かさない敬一が、そう言った。ざわめく子どもたちを集めて、私は言った。

「慶司が帰ってきても、これまで同様、なにも変わらない。慶司もおまえたちもみんな私たちの子どもだ」

子どもたちに安堵が広がった。帰郷した慶司も子どもたちと散歩やカラオケに出かけ、関係づくりに取り組んだ。

「部屋を片付けなさい」

思春期を迎え、一カ月に五回の家出を繰り返した龍輝が、妻の叱責にふてくされた。

「一緒に片付けよ」

慶司の言葉に「片付けられない少年」の龍輝も腰を上げた。恵太は友人宅に預けていた家出グッズをすべて持ち帰った。

「さすがに手のかかる子どもたちだね」

夜、お茶を飲みながら慶司が言った。私は答えた。

「ＴＶのサスペンス劇場は週一だが、土井劇場は毎日だ」

慶司が笑った。

静岡県立大学の津富宏准教授は、さまざまな対人援助科学の分野で、近年、物事の否定的な側面に着目する問題志向アプローチから、物事の肯定的な側面に着目する変化志向アプローチへと枠組みの変化が起きていると指摘している。これにならえば、「土井ホームはいつも問題だらけ。でも大丈夫」となる。私の解説に慶司がまた大きく笑った。

解説　ポジティブ・シフトの生起

静岡県立大学の津富宏准教授は、心理学、発達科学、心理療法、組織コンサルティング、精神障害者支援など、さまざまな対人援助科学の分野で、近年、物事の否定的な側面に着目する問題志向アプローチから、物事の肯定的な側面に着目する変化志向アプローチへのパラダイムシフト（枠組みの変化）、すなわちポジティブ・シフトが起きていると指摘しています。

精神障害者の就労支援

津富さんは、そうした変化の一つとして、ＩＰＳアプローチの援助付き雇用が、精神障害者の就労支援において、圧倒的なエビデンス（証拠）をもつものであると述べています。ＩＰＳアプローチの援助付き雇用（Individual Placement and Support）とは、アメリカで一九九〇年代前半にＡＣＴ（包括型地域生活支援）プログラムが展開するなかで生まれた、就労支援に焦点を当てて開発された援助プログラムの一つです。日本語では「個別職業紹介とサポートによる援助付き雇用」などと訳されることが多いようです。わが国においては、二〇〇二（平成一四）年より国立精神・神経センターにて研究プロジェクトが、二〇〇五（平成一七）年より千葉県市川市国府台地区において日本版ＩＰＳが開始されており、宇和島や東京でもＩＰＳを志向した取り組みが行われています。

援助付き雇用の原則は八つありますが、どのような精神障害者であっても、本人の好みと選択に基づいて、一般雇用を実現することができるという強い楽観主義がそこにあると、津富さんは指摘しています。そうした具体例として、精神障害者の共同生活体、「べてるの家」（北海道浦河町）が紹介されています。そこでは、「弱さを絆に」「病気は治さない」「べてるはいつも問題だらけ」「それで順調」というキャッチフレーズを通じて、病気そのものが肯定されています。実際に、メンバーは病気を売り物にし、メンバーが実名で登場し、病気を語り、統合失調症者の真実を世に知らしめるビデオシリーズさえ販売しました。毎年六月に開かれる「べてるまつり」では、メンバーが自らの幻覚と妄想を競う「幻覚＆妄想大会」が開催されています。

こうしたＩＰＳでは就労は治療的効果があり、ノーマライゼーションをもたらすものと考えられています。ＩＰＳの最終目標はリカバリー（回復）で、重い精神障害をもつ人々が、生活の自立度を高め、社会での新しい役割を獲得し、その結果、精神保健が提供するサービスへの依存を減らしていくことといわれており、働くことはそれを達成する大きな手段であると考えられています。

それと同時に、近年ではリカバリー（回復）に代わって、プロカバリー（前進）を用いることが提唱されています。プロカバリーとは、病気を治すのでなく癒すこと、健康の度合いに関係なく生産的でやりがいのある人生を手に入れることに焦点を当てていくものです。そうしたプロカバリーの原則のうちでも、「前を見て後ろを見ない」「病気でなく人生を見る」「希望を生かし続ける」の項目は、とくにポジティブな側面への着目の表れであり、プロカバリーの方法ではセルフラベルの貼り替えが強調されると津富さんは指摘しています。

犯罪者処遇におけるポジティブ・シフト

津富さんによれば、犯罪者処遇には以下のような三つのモデルがあります。

１．ネガティブモデル（犯罪者を問題として捉える）

治療モデル（治療の対象としてみる）
制裁モデル（制裁の対象としてみる）
2．中立モデル（中間的な扱い）
リスク管理モデル（価値を捨象し、犯罪者を管理する）
3．ポジティブモデル（長所基盤モデル。犯罪者を資源として捉える）
象徴的社会的包摂モデル（社会の一員としてのＩＤのリカバリーで犯罪抑制）
当事者中心モデル（犯罪者は援助供給者としてみる）

この三つのモデルのうち、ポジティブ・シフトは、犯罪者の立ち直りに関して、「問題を直す」というアプローチよりも、対象者の孤独や自尊心の欠如、恥の感情に焦点を当て、よりよい仕事、教育、家庭、友人などを得ること、誇りを手に入れること、意義のあることをすることを目標とすることにおいてより有効であるとされています。

卒業式 ●●●● 子どもたちがくれた博士号

二〇〇九（平成二一）年三月二一日は、六年間通った北九州市立大学の卒業式だった。式のさなか、私は過去三〇年間に受け入れた三二人の子どもの顔を一人ひとり思い浮かべていた。行き場のない子どもに家庭のぬくもりと居場所を与えたいと願ってきたが、ここ一〇年やってくる子どもたちは、ただ愛情をかければよいでは越えられない現実と困難を抱えていた。

五〇歳を前にしたある日、妻が市政だよりを差し出した。市立大学の大学院生募集の記事があった。

「行ってみたらどう？」

大学院にはステップアップをめざす臨床心理士や保健師、大学教授や市の前局長といったさまざまな社会人が在籍し、刺激的だった。だが、仕事を終え、九時過ぎまで講義を受け、帰宅後レポートを書く毎日は容易ではない。社会人の院生はみな、目が真っ赤だ。私自身も深夜レポートを書き終えて就寝した途端に警察の呼び出しがあったり、母親が家出をしたために残された乳児をあやしながらの執筆をしたり、なかなか困難だった。

「児童虐待を研究する土井さんこそ、虐待的な研究環境ですね」

楠凡之教授がため息をついた。院生仲間も言う。

「攻撃的な子どもに耐え得るモビルスーツなんだね、その身体」

「ドラゴンボールに出てくるゴムおばけだよ。攻撃を吸収してより強くなる」

ひねりの入った激励に私は笑った。

修士課程の二年は瞬《また》く間に過ぎ、博士課程に進んだ。長期反復の児童虐待が子どもの心身に及ぼす影響、深い心的外傷体験が非行・少年犯罪へと転化するメカニズム、発達障害の特性を踏まえた生活の構造化。受け入れる子どもに応じて研究を進めた。「土井さんの実践を個人の名人芸や職人技で終わらせず、広がるファミリーホームの実践モデルにまで高めてください」と、楠教授は言った。五本の論文が審査《ジャッジ》を経て学会誌に掲載された。

二〇〇八（平成二〇）年末、学位請求論文を提出した。二月二七日が最終試験であった。

「久しぶりにドクター論文らしい論文を読んだ」

「困難な課題を抱えた子どもたちについての稀有《けう》な養育・療育実践で、その実践活動と考察の水準は非常に高い」

「深刻な発達課題をもつ青少年に対する治療・教育実践の構造と指導方法を構築し、日本では極めて貴重な実践研究」

などと評された。

帰宅後、子どもたちが心配げに取り囲んだ。

「合格だよ」

子どもたちから拍手と歓声がわき起こった。おちゃめな恵太が、私に言った。

「ハカセ」

子どもたちがワーッと笑った。

「ぼくたちが成長したから論文も完成できたんですよネ」

最年長の紀一がそう言って、私の目をのぞき込んだ。

「ハイハイ。焼き肉をごちそうしましょう」

再び歓声が上がった。

「ヤキニクッ、ヤキニクッ」

子どもたちに囲まれもみくちゃになりながら、わがことのように喜ぶ子どもの姿に、私はしばしば至福のときを過ごした。

家族の絆を断たれ、大きな困難を抱えた子どもたちを「神様からの贈り物」と迎え入れた。学術博士号。それはそうした子どもたちからの贈り物だったに違いない。

こらむ

自己形成モデル

わが家にやってくる子どもたちの困難は、実は被虐待体験や発達障害を有していることだけではありません。そのような深刻な発達課題と同様に、子どもたちの人生を困難にしているのは、未来の指針になるような自己形成モデルを身近にもたなかったということです。

通常、私たちは人生の早期で養育者など身近な人々にそうしたモデルを見出して取り込んでいきます。そうしたモデルをもたずに育ってきた子どもたちは、航海図なしに荒海に船出を強いられるような困難に突き当たるわけです。したがって、子どもたちにとって身近な私たち養育者自身がよきモデルになることが求められていると考えます。

日夜、博士号学位請求論文執筆に取り組む姿勢は、実際子どもたちに大きな影響を与えました。三年遅れの高校に次々と進学し、だんだんと好成績になっていったのは、その現れでしょう。子ども自身はみずからを私に投影していたからこそ、最終試験合格の夜の反応になったと考えます。

第１フェーズの実践方針

一、代替的な家族的ケアおよび安全な場の保障と強固な境界の設定

処遇困難な青少年への治療的専門里親として、小舎制という特長を生かしながら代替的な家族ケアによって少年たちとの間に安定した対象関係を築けるように援助していく。

また、「ホーム内での人権のルール」（「土井家の憲法」）を明確に示すと同時に、噴出してくる問題行動や他害行為に対しては、この人権のルールに基づいた「適切なパワーの行使」によってその行為を抑止し、首尾一貫性を持った枠付けを行うことに努める。

二、生活場面での生活スキルの獲得（モデリング）

本ホームに入所する少年たちは基本的な生活習慣を学ぶ機会を剥奪され、驚くほ

ど生活スキルが稚拙であるだけに、その習得への支援は欠かせない。したがって、二四時間、生活をともにする利点を活かし、起床後の洗顔や更衣、挨拶の仕方、箸や茶椀の持ち方、洋服のたたみ方、部屋の整理などの生活技術の習得に努める。

また、こうした生活技術の獲得をスモールステップで進める際には、ホーム内で共同生活を営む大人が「確かな大人」として規範を示し、また、目の前で起きた問題に対しては即座にその場で指導を加え、そのモデリングによって生活スキルの習得が進むように心がける。

また、大人と少年たちとの関係だけでなく、少年たち相互の関係においても、起床に始まる日課で集団行動の統一的な様式をモデリングによって学ばせ、ランニングやリズム体操、ウェイトトレーニングといった行動訓練を通じて、身体感覚を含めたモータースキルの発達を促していく。このようなモデリングを中心とした生活スキルや運動スキルの学習を通じて、少年たちの基礎的なメタ認知能力の積み上げに取り組んでいく。

また、少年たちの多くは基礎的な教科学習の習得ができていないことが多いため、つまずいている段階にまで戻って漢字ドリルなどに取り組み、学習に対する意欲を育んでいく。

三、視覚的提示を中心とした生活空間の治療・教育的な構造化

多くの入所少年たちに発達障害の問題があることを考慮して、その発達特性に沿って生活場面での物理的な環境を整えていく。そして、視覚的な情報提示を中心にして、そのこだわりや関心を活かした指導を行い、「学び方が違う」少年たちにとって安心感のある生活空間を保障するように努める。具体的には、ＴＥＡＣＣＨプログラムに基づき、少年たちがもつ視覚的な強みを生かし、日課やホームのルールなどを掲示して「視覚的な情報提供」を行い、朝や夜の点呼で日課をいちはやく示し、変更がある場合にはできるだけ早く通知して「見通し」を与えるよう努める。

また、発達障害を抱える子どもには、聴覚過敏など、さまざまな感覚過敏がある。

こうした「困り感」にも配慮し、周囲にも伝えながら、彼らの生きやすい生活環境を保障するように努める。

さらに、共感関係を築くことが困難な発達障害の少年に対しては、〝トークンエコノミー〟を利用して毎日の生活におけるがんばりや成長、修正すべき行動を視覚的に提示し、その到達点と目標を明確化していく。

2

言語化を促し支えあいを育む

〈社会律の段階〉

——仲間との交流によって社会参加スキルを向上——

第２フェーズ
１．自己の体験やそれに伴う感情の言語化
２．ホーム内の相互交流の促進
３．自治活動を通じての社会参加のスキルの向上
４．修復的司法による被害者性と加害者性の統一の取り組み

面接●●●●言葉を手掛かりに心を整理

「信用できるようになったんだ」

猛夫が最近の心境を語る。猛夫には、児童相談所の臨床心理士が毎月面接にやってくる。

「大人への信頼かな？」

心理士も猛夫の言葉を手掛かりに、心の整理を進めようとする。

「前は大人なんか絶対信用できん、信頼できんと思っていた。そうじゃないとわかった。第一、キレなくなった」

心理士が聞く。

「ダイナマイトの導火線が長くなったということかな？」

「うん、爆発前にひと呼吸おけるようになった」

そんなやりとりを聞きつつ、昨年夏の終わりからの出来事を思い起こしていた。通常、子どもは最初の数週間「いい子」を演じる。猛夫はやってきて三日目から問題行動を頻発させた。私は猛夫の傷の深さを感じた。激しい問題行動を示す子どもは少なくない。だが、猛夫は群を抜いていた。

「野戦病院ですね」

土井ホームをそう評する研究者や実務家は多い。世界には九歳、一〇歳で戦場へ駆り出され、戦う少年兵士がいる。わが家に来る子どもは、家庭という戦場で傷ついた少年兵士たちだ。他者への基本的信頼感という骨を打ち砕かれ、安全感という皮膚を切り裂かれ、血だらけになって運び込まれてくる。もし、医師が被災者の重症度を測るトリアージをわが家で行ったとしたら、赤い札で埋まるに違いない。

そんな少年たちのなかでも猛夫の重症ぶりは抜きんでていた。変わらぬ穏やかな毎日、確かな大人による応答といった包帯やギプスでいくら処置しても血を噴き出してくる。全身を血だらけにした猛夫のイメージが家族を凍りつかせた。

私は猛夫を呼んだ。

「児童相談所の所長、次長から児童福祉司に至るまで、猛夫を成人の日までお願いしますと頭を下げた日を思い返し、私も見放すまいと繰り返し自分に言い聞かせているんだ」

「暴力をやめて家族になるか、別の場所で生きるか、考えてごらん」

不信とやり場のない怒りに燃えた猛夫の瞳に、憂愁の色が射す。

「小学校時代の担任、施設職員、多くの人がおまえのことを『お願いします』とどれほど電話してくると知っているか」

「えっ！」

猛夫は目を見開き、やがて静かな涙が流れた。

行動に変化が見え始めた猛夫が、児童相談所の心理士に語る。

「どの施設でも見捨てられたと思った。でも大人は違ったんだ」

「土井先生もそうだ。パトカーを六回も出動させた和仁兄やんが少年院に入ったから、見捨てたと思った。でも遠くの少年院まで面会に行って、出院後の行き先を決めてきた。見捨てないんだ。守られているんだ。そうわかったら安心した」

猛夫が表情をゆるませる。

「二年前に『殺すゾー』と言った児相の所長さんに謝罪に行こうかな」
その言葉に、笑いが広がった。

こらむ

虐待が子どもの心身に与える影響

東京都児童相談センターの伊東ゆたか医師は、災害や事故などによる一回だけの外傷体験に対して、虐待などによって子どもの養育システムそのものが侵襲《しんしゅう》的であり、日常的に多くのトラウマを受けてきた場合には、愛着形成や発達に異なる側面を示してくることが知られていると述べ、その影響について以下のように指摘しています。

児童養護施設に入所中の虐待を受けた既往のある子どもには攻撃性、規則違反・逸脱行動、対人関係の問題、意欲の低下、社会性の問題、多動・衝動性などが高い頻度で認められました。

さらに伊東医師は、被虐待児がその一生の間にＰＴＳＤと診断されるのは三分の一と言われ、ＰＴＳＤ以外に分離不安障害、反抗挑戦性障害、不安障害、ＡＤＨＤなどが多く診断されたという報告もあり、慢性反復性の外傷体験がある場合、ＰＴＳＤの診断だけで状態を説明し尽くすことはできないと述べています。

そして伊東医師は、ハーマンらが提唱した複雑性ＰＴＳＤないしＤＥＳＮＯＳ（他に特定されない極度のストレス障害）という症候群は、このような者が示す複雑な精神症状を捉えようと試みたものであると指摘しています。そこには、感情コントロールや対人関係の不安定さが障害の特徴として盛り込まれており、生物学的側面や愛着形成を含め、虐待が及ぼす長期的影響を総合的に把握する上で示唆的であると述べ、慢性反復性トラウマを受けた子どもの特徴を以下のように紹介しています。

①生物学的変化

一般に危機的状況が続くと、扁桃体《へんとうたい》や海馬《かいば》を含む大脳辺縁系《だいのうへんえんけい》が生存をかけて緊急に反応するが、危機が慢性化すると扁桃体がわずかな刺激にも容易に活性化して、不適切な強い恐怖感や攻撃的行動に至る。また、脳の左半球の発達が障害されることは被虐待児に独特の認知の偏り、感情の爆発、論理的思考や言語表現の乏しさに至る。

②愛着と自己像

乳幼児期の養育者との関係は、自己と他者、その関係性の概念形成につながるが、虐待・ネグレクトなどで養育者から必要な情緒的応答がなく、子どもの内面に安定した養育者像が確立されなければ、安心感を得ることができず、他者と協調する能力の獲得が困難となる。また、養育者から拒否され傷つけられることが続くと、「自分は無力で愛される価値がない」という否定的な自己像が確立してしまう。本来子どもが成長過程での失敗を乗り越えるために必要な健康的な万能感をもてず、罪悪感や抑うつから周囲の援助を求めなくなる。人への信頼感が育たないために社会的に孤立する。

③自己コントロールと解離

子どもが感情調節をするには、自分の内的感情に気づき、養育者との応答を通じて自らの感情を整理することを学ぶが、慢性的ストレス下にあると、その一連の過程を経験する機会が少ないうえ、身体感覚としての危機状況が持続するため、恐怖や不安を少しでも感じれば、自分の内的感情に名前をつけて表現する代わりに、「闘争か逃走か」反応という原始的な選択をする。「闘争」を選んだ場合、攻撃的行動をとることで危機的状況を脱しようとする。同時に暴力的文化の影響や過去の体験に対する怒りや恨みの感情も加わる。無力であった自分を克服しようとして、今度は強い加害者の立場で被害体験を再演することもある。

逆に「逃走」を選択した場合、現実に逃げる力のない子どもは、恐怖を感じなくするために解離を多用する。以前の嫌な感情が蘇ることは強い苦痛をもたらすため、思春期以降ではその侵入を遮断するための飲酒、薬物への耽溺も問題となる。

④知的発達

警戒心が解けないと集中して知的課題に取り組んだり、新しいことに関心をもつことができない。また、養育者との言語的やり取りが乏しければ言語発達は滞り、論理的思考の育成が妨げられる。そのために慢性反復性のトラウマをもつ子どもには全検査ＩＱおよび言語性ＩＱの低さが認められており、学習への取り組みの悪さから学校での不適応につながりやすい。

こうしてみると、猛夫の行動がいかに激しい親の虐待の影響を受けていたか、理解することができます。対人不信の一方で、虐待をしてきた父親への憧憬《どうけい》、そのマインドコントロールのもとにあった母親への侮蔑《ぶべつ》をあらわにする猛夫の社会適応は、今後も相当困難があると考えられます。変わらぬ姿勢を保ちながら、粘り強く応答を続け、言葉にさせることで混乱した認知を整理させ、周囲との信頼関係を築くように支援が求められているでしょう。

児童数
過密になると高まる緊張

聖徳太子によって設置されたといわれる「悲田院」に子どもがあふれた際、周囲の民家でそうした子どもを預かり養育する制度が既にあったとされ、これが里親の起源という説がある。

「児童福祉の父」と呼ばれ、映画にもなった石井《いしい》十次《じゅうじ》が創設した「岡山孤児院」は、最高時一二〇〇人もの孤児や貧児を受け入れた。そうした子どもたちは、一〇人単位で養育者一人と五二の家庭寮において生活していたが、「里預け」という名の下、子ども五四五人が周辺の農家に里子として預けられていた。児童養護施設の父が里親委託・家庭的養護に熱心だったことは興味深い。十次は四八歳でこの世を去るが、もう少し長生きすれば、日本の児童福祉もまた異なったものになったに違いない。

わが家には家庭だけでなく、情緒障害児短期治療施設、児童養護施設や児童自立支援施設、少年院といった施設からやって来る子どもも少なくない。基本的な生活習慣やわが家のルールを学んだ子どもたちは、やがて子ども同士の相互交流と自治的な暮らしを送ることになる。

「片付けられない」子どもである真は、整理することに「こだわり」をもつ康祐に部屋の掃除を手伝ってもらい、「注意散漫」な新二は弁当を忘れ、求職中の俊二に今日も学校まで届けてもらった。夜の点呼では子どもが交代で司会を務め、問題が起これば「子ども会議」が開かれ、子どもたちのほほえましくも確かな成長が垣間見える。

こうした子どもたちが生活するわが家は今、総勢一六人。失職して四度目の入所となった俊二が乳児連れの友人家族を連れてきたために一気に増えてしまった。乳児一人に子ども四人、これに対して大人が一一人。認知症の高齢者は毎日の薬を子どもから手渡され、半身まひの年長者は部屋まで子どもの手で新聞が配達される。年長者に手を合わせてお礼を言われる体験を通じ、自己を価値のないものと感じていた子どもが、その内面に自己肯定感を育《はぐく》んでいく。「お世話になるばかりで」とわびる高齢者に、「子どもたちの成長を引き出していますよ」と、私は答える。いるだけで十分に役目を果たしている。

そんなわが家も大人が四人に子どもが九人という時期があった。生活場面で緊張が高まり、深刻な事件が起きた。西南学院大の安部計彦《あべかずひこ》准教授が主任の研究チームは、児童相談所の一時保護所や児童養護施設で子どもの数と職員配置数との関係を調査し、職員一人当たりの児童数が三人を超えると子ども間暴力が三・二七倍になり、入所児童数が一〇人を超えると一・六三倍になることを明らかにし、諸外国の例に倣《なら》って子ども一人に職員一人の配置が望ましいと結論付けている。

こうしたわが国の社会的養護の現状と課題を考える番組をＮＨＫが制作し、「クローズアップ現代」で二〇〇八（平成二〇）年一〇月に放送された。治療的な里親実践を行っているわが家が里親ホームとして紹介されたが、多くの人が視聴する番組だけに社会的養護への理解の広がりを期待したい。

こらむ

ケアの質の向上とそのコスト

淑徳大学の柏女霊峰教授は、子ども家庭福祉サービス提供に関する基本的視点として以下の一〇点を提示しています。一体性、専門性、広域性、公平性、効率性、一貫性、介入性、レビュー機能、地域性、利便性です。このうち、公平性に関して、「子どもは監護されなければ生きていけない。その意味で、子どもの代替養育システムは成人の生活保護と似た性格をもつ。したがって、地域によって大きな格差を生じることは避けるべきであり、一定程度の公平性が求められる」と述べています。

二〇〇八(平成二〇)年に開催された日本ファミリーホーム協議会（旧ファミリーホーム全国連絡会）主催の第三回研究協議会の席で、地方独自に実施されていたファミリーホームにおいて、横浜市では年間九〇〇万円の補助金が別途につくのに対して、宮城県では年間九〇万円のみであり、同様に六人近い子どもを養育している多人数養育形態の里親にはまったくついていないという状況が報告されました。

二〇〇七（平成一九）年三月に公表された、千葉県の社会的養護に関する報告書「社会的養護を必要とする子どもたちのために―千葉県における社会的資源のあり方について答申―」によると、県立乳児院の児童一名にかかる経費は月額約九六万円、県立児童養護施設の児童一名にかかる経費は月額約四五万円とあります。

仮に〇歳から一八歳まで県立乳児院・児童養護施設で育つならば、約一億一五二〇万円の経費がかかります。民間施設の場合は、人件費が低いこともあり、三分の二の経費となっていますが、それでも児童一人につき約七六八〇万円の経費がかかることになります。

かたや里親養育は、養育費と里親手当を合わせて月額約八万二〇〇〇円であり、〇歳から一八歳までの養育経費は一八二〇万円となります。児童福祉法の改正により二〇〇九（平成二一）年度から里親手当が増額されましたが、それでも約二五八五万円ほどです。

里親養育経費と民間施設養育経費の差額は、児童一人当たり約五一〇五万円となり、県立施設との差額は八九四五万円となります。このように、同一の児童サービスが行われているにもかかわらず、きわめて格差があるのが実情です。

また、二〇〇九（平成二一）年四月一日に施行された児童福祉法の改正に伴ってスタートしたファミリーホームに関しても、日本社会事業大学大学院の宮島清准教授は、その配置基準（事業所の管理者１＋常勤職員１＋補助要員１）は「児童家庭センター」の配置基準（運営管理責任者１＋常勤職員１＋非常勤職員１＋非常勤心理職員１）を下回るものであり、最も形態が似通っている児童福祉施設型のグループホームである「地域小規模児童養護施設」（常勤専任職員２＋非常勤職員１配置可）とは、子どもの生活費（事業費）を除いた経費（事務費）において、年間五〇〇万円近い差があることを指摘し、劣悪であると述べています。

すでに、児童福祉法改正前に市独自の制度を有していた福岡市の例をみるならば、初年度加算が五〇万円、家賃補助が一〇万円以内、事務費で児童一人当たり最高二〇万二〇〇〇円、賃貸借契約更新料一〇万円など新制度の単価をいずれも上回っており、こうした先行自治体にとっては劣悪化という指摘はあてはまるといえましょう。こうしたことから、福岡市では経過措置として、事務費の加算を児童一人当たり最大二四万円とし、国制度との格差は九万円となり、六人合計で最大五四万円の差が生じることになります。

　同様に、東京都では初年度加算が八〇万円、中学一年生を受託した場合、事務費で他自治体と一人当たり約一三万八〇〇〇円、事業費では約一七万六〇〇〇円、計三〇万円以上の差があり、これに加えて都独自の実費加算が一八項目にも及んでいます。こうしたことから、六人受託した場合を比較すると、東京都と他の自治体では月額で約五〇万円の差が生じることになります。このほか横浜市では、「地域小規模児童養護施設」と同様の配置基準を認めており、川崎市では措置児童が減少しても単価を上げることでホームの経営の不安定化を回避することを可能にしています。このように、地域間によって公平性を欠き、格差を生じている基準に関しても今後是正する必要があるでしょう。

　また、土井ホームのような深刻な課題を抱える青少年が在籍するホームに関していえば、外国の同レベルの青少年を受け入れるホームのように、子ども1に対して職員4という人員配置も将来的には考えるべきと思われます。

多人数養育 「家庭」のだんらん、制度化へ

朝、子どもを起床させることは一大難事業だが、今朝ばかりは自発的に起きていた。

「ほほう、もう起きたか」

驚いた私が声をかけた。

「ハイッ、隊長」

自衛隊のレンジャー志望という俊敏な誠一が、体操服姿で敬礼する。

今日は運動会。勉強では自己表現できない子が多いだけに、運動会は主役を張れる数少ないハレの日である。朝から異様な高揚感で、澄み切った秋空に開催を告げる花火がドーンと響き渡るころ、前日から集まっていた自立した青年たちが「川中島」に出場する純太を囲み、「見えんところで向こうずねをけり上げろ」と、過激な激励をして、私を慌てさせた。

妻や妹も朝早くから弁当作りに余念がない。「入れてほしいものを伝えなさい」という私の言葉を受け、子どもたちは思い思いの希望を妻に伝えていて、弁当をのぞき込んでは「ヨッシャー」と、掛け声を上げた。

二つの中学校に三人が通うわが家では、思春期を迎え難しい場面も増えてきて、義和は「応援に来なくていい」と主張した。

「おれが応援に行くというのに、来るなと言うのか」

指をポキポキ鳴らしながら先輩が怖い表情で迫るものだから、義和は慌てて答えた。

「き、き、来てください」

「そうだろっ。バザーでアイス買ってやるから、負けたら承知しないぞ」

どこまでも過激で即物的な激励である。

「次から次と、どうしてこうも大変な子どもが来るの」と否定的だった妹も、前夜遅くまで体操服にゼッケンを縫いつけ、弁当を完成させた後、日焼けをしないように準備怠りなく応援に出かけていった。私は、両校に出かける応援団を送り届けるアッシー君である。それぞれの成果を誇らしく語る子どもたちで、夕餉《ゆうげ》のだんらんはいつもより一段とにぎやかであった。

里親ファミリーホーム全国連絡会（現・日本ファミリーホーム協議会）が厚生労働省の求めに応じ、ホームが制度化されていない地域で多人数養育をしている里親三一人にアンケートをとったところ、その家庭の約八割に被虐待児が委託され、また半数の里親が障害のある子どもを預かっているとの回答を得た。しかも、専門里親に相当する子どもを育てながら、「委託児童の数が二人以下」という枠があるため、専門里親としての認定はされていない。支援の乏しいなか、三一家庭で一三〇人の子どもが生活をしている。多人数養育を始めたきっかけは、行政が「うまくいっている」と判断し、子どもを続けて委託するケースが多いようだ。

こうした家庭的雰囲気を失わずに、子ども同士が助け合うなどの相互作用を生かした養育形態を厚生労働省も認め、「小規模住居型児童養育事業」という名称でファミリーホームが制度化されることになった。個別的ケアと多人数養育の結節点にあるファミリーホームは、児童福祉の新たな展開として期待されている。

こらむ

社会的養護の課題

子どもの最善の利益を考えるならば、家庭を失った子どもには家庭を与えるべきです。傷ついた心身の回復には個別的なケアが必要であり、社会的自立をみすえ、家庭生活を体験させる意味からも、子どもはまず第一選択肢の家庭的養護のもとに入るべきでしょう。このように里親拡充は喫緊《きっきん》の課題ではあり、厚生労働省が二〇〇四（平成一六）年一二月に策定した「子ども・子育て応援プラン」の数値目標として、五年後の二〇〇九（平成二一）年度までに里親委託率を一五・〇％に引き上げることを打ち出しましたが、実際は厚生労働省の期待ほど伸びませんでした。そこで、あらためて二〇一四（平成二六）年度までに一六・〇％という数値目標を打ち出しました。

京都府立大学の津崎哲雄教授は、これは里親自身の問題ではなく、ソーシャルワーカーの問題であると指摘しています。しかし、児童相談所の児童福祉司は虐待対応に忙しく、十分に対応できているとは言えません。

二〇〇九年四月に施行された改正児童福祉法では、ＮＰＯなどの活用に道を開き、すでに千葉県里親家庭支援センター（木ノ内博道理事長）や大阪府の家庭養護促進協会（今井鎮雄理事長）が先鞭をつけ、東京都で二葉乳児院、富山県では県立乳児院が委託を受けました。特に、児童福祉司に関して児童相談所の業務の拡大に伴い増員が図られていますが、追いつかない状態です。効率性という観点からもＮＰＯによる里親支援が望まれるところです。なお、諸外国ではケースワーク機関は官民が並立して実働している国も多く、大いに参照すべきと考えます。

また二〇〇九年の法改正では、小規模住居型児童養育事業として、ファミリーホームが制度化されました。これによって里親から第二種社会福祉事業という枠組みに移って、ファミリーホームを開設するケース（二〇一〇年四月段階で全国で五三ホームが開設され、年内に一〇〇ホームに達すると予測されている）が増えてくると思われます。同時に長年児童福祉施設で働いた経験豊かな施設職員が移行する場面も今後増えてくるものと思われ、このような家庭的雰囲気を保持した個別的ケアの場に、今後もさらに多くの情熱と経験を有した施設職員の参入が望まれます。

傷の「再演」

被害児と加害児守り支え

「ぼくがいじめられていたとき、守ってくれなかったじゃないですか！」

宏の抗議は、足元が崩れるような衝撃を私に与えた。心の動揺を抑えて、私は言った。

「だからといって、年少の子どもをいじめていい理由にはならないぞ」

深刻な課題を抱えた子どもを受け入れるようになって、子どもの内面の悲しみや傷つきの大きさとともに、心的外傷の影響による激しい行動化に直面するようになった。被害児の安全を守り、加害児の内面の傷つきを行動でなく言葉で表現するよう働きかける、息の長い、だが息が抜けない取り組みが始まった。

新しい子どもが来るたび、私は子どもに語りかける。

「君はいっぱい傷ついてきたよね。ここではもう二度と傷つかないことを約束するよ。だけど、君も人を傷つけることは絶対にしないと約束してね」

非行や少年犯罪に代表されるように、被害者だった少年が今度は加害者となり、他者の人権を蹂躙《じゅうりん》する「行動化」をしてしまうことはしばしば見られる。とりわけ、多くの子どもが被虐待体験、心的外傷体験を有している養護施設やグループホームのなかでは、過去の虐待体験や心的外傷体験の「再演」(reenactment) としての「行動化」の問題が多く生じている。職員から子ども、子どもから職員、子どもから子どもという暴力事件が多発した結果、児童福祉法改正案では施設虐待の通告義務を施設職員に課したが、職員の配置数や大舎制などの社会的養護をめぐる構造的な問題は未解決だ。

施設内で「再演」が生じてくることは、子どもたちの「安全である権利」を根底から脅かし、さらなる心的外傷を、そして、新たな加害者、被害者を生み出してしまうものであるだけに、早急に克服していかなければならない。

九州大学大学院の田嶌誠一《たじませいいち》教授は、児童養護施設の特徴として、学校でのいじめは不登校という回避の可能性があるが、施設の深刻さは「徹底した逃げ場のなさ」にあり、生活の場での職員の暴力、特に児童間暴力は目に見えないことが多く、発見されてからでは遅いと指摘している。その上で年少児の目線に立った「安心で安全な生活」は切実なニーズとして最優先課題であると述べ、全国七つの県で一四カ所の児童養護施設で安全委員会を立ち上げ、被害児を守るとともに、加害児の真摯《しんし》な反省を周囲が支えるという取り組みを行って成果を上げている（「臨床心理学」四七号）。その取り組みの多くは土井ホームの実践にも重なるが、子ども自身や職員、児童相談所など外部の対等な参加を得ながら、「システム形成型アプローチ」という、より精緻《せいち》で新しい形の心理臨床活動は今後さらに注目されると思われる。

宏は個別面接や子ども会議を通じて、子どもの視点と立場を適切に理解され、応答されることで、子ども同士の相互理解や自己制御力の獲得をしていった。

「暴力はふるってないでしょ」

夜ふかしなどルール違反を指摘された宏は、そう答えている。

解説

虐待が非行や少年犯罪へと転化するメカニズム

長期反復的な虐待を受けた子どもは、常に暴力的な養育環境に身を置いているため、暴力支配の虐待的な人間関係、支配―被支配の関係性を内面に取り込んで、対人関係においても暴力的、破壊的な様相をみせ、さらに衝動統制の困難と暴力行為に対する抵抗感のなさからすぐに暴力を加えてしまうこともしばしばみられます。また、性的虐待を受け続けた結果、脆弱な自我のまま思春期を迎え、夜間徘徊や家出、そして逸脱した性行動へと発展してしまう危険性があることも指摘されています。このように、長期反復的な虐待は被害児の認知の混乱だけでなく、被害児を破滅的行動へと追い込み、ある局面では被害児を加害者に転化させ、逸脱行動・非行へと発展していくこともしばしば生じてくるのです。

大阪大学の藤岡淳子教授は、その著書『暴力の再生産過程―被害と加害の円環』において、トラウマの長期的影響は被虐待児と非行児に共通のものであり、虐待的環境が与える感情的、認知的、行動的影響が一部の被害者をして加害者をも演じられるトラウマの反復強迫へと導くと指摘しています。

内閣府の森伸子さんも、少年院の在院少年には統計で示されている以上の被虐待体験、学校や職場からの疎外体験があり、無力感や絶望感に支配された状態から抜け出すために反社会的価値観や態度を取り入れ、被害者側から加害者側に転じることで身を守ろうとしたケースは少なくないと述べています。

また、杉山登志郎医師は、「子ども虐待の影響は幼児期には反応性愛着障害（ＲＡＤ）として現れ、次いで小学生になると多動性行動障害（Hyperkinetic Conduct Disorder）が目立つようになり、徐々に思春期に向けて解離（Dissociative Disorder）や外傷後ストレス障害（ＰＴＳＤ）が明確になり、その一部は非行に推移していく」と述べています。

このようなプロセスを経て、虐待被害体験が行為障害や少年非行・少年犯罪へと発展していくのです。

子ども会議

権利と責任の主体として

「全部食べられない」

和良が口をとがらせて主張した。

「みんなはどう思う？」

私は見渡した。わが家では折々に「子ども会議」を開く。共同生活である以上、葛藤や対立は避けがたい。日常でのさまざまな問題を子ども自身で意見を交わし、解決と和解の道を探すのが目的だ。

「残さないようにしたらいい」という順司に、食べ残しの弁当を自室に放置することもある和良が反論した。肉と卵しか食べず、アトピーがひどい状態でやってきた和良も一年でずいぶん変化したが、まだ偏食が多い。道好が「残したら、ハッピー（飼い犬）にやればいい」と言うと、典昭は「量が多いなら、少し減らしてくださいとおばちゃんに言えばいい」と、年長らしいアドバイスをした。紀一は孤高の姿勢を崩さず、「なにもありません」と、いつものように答えた。

意見が出尽くしたとみて、私は和良に言った。

「量が多ければ多いと言いなさい。入れてほしいものがあったら希望を言いなさい。食べ残しはハッピーにやりなさい。わかったね」

「みんな、いい意見をありがとう。じゃ、終わり。ジュースを出しなさい」

シュンとうなだれていた和良が真っ先に冷蔵庫に向かった。

カナダのトロント市教育委員会が中学校の生徒に配布している『生徒の権利と責任』という冊子は、極めて示唆に富んでいる。その特徴は、冊子で明記されている人権規範が、生徒だけでなく学校構成員のすべてに適用され、教師の体罰やセクハラ行為の禁止も明記されていることだ。こうした、生徒の権利擁護のシステムを十分に明確化した上で、生徒一人ひとりの責任と違反した際の措置が書かれている。その根底には、子どもたちを学校コミュニティの一員として、教師や父母、管理職などとともに学校の運営に参加し、責任を共有していく主体として位置づけ、尊重する思想が流れていると考える。

体罰や虐待には、子どもを親や大人の従属物とみる考えが通底しているように思える。子どもたちを一人の人格として尊重し、体罰や虐待を受けないという最善の利益を保障する（「子どもの権利条約」三条）という受動的な権利にとどまらず、家庭や学校、施設内のさまざまな事柄の決定に関する意見表明権（同一二条）をはじめとする社会参加の能動的な権利を保障していくことが重要だ。

その上で、家庭や施設、学校のなかで果たすべき責任を子ども自身に要求していくことが、市民社会のなかでの権利と責任を自らの課題として引き受けていく「主体を育《はぐく》む」教育につながっていく。児童福祉法改正案では頻発する施設内虐待防止をうたっているが、このような子どもの能動的な権利の保障と「主体を育む」取り組みは不可欠だ。

国内外の子ども福祉の歴史を踏まえ、子どもを権利と責任の主体として、その成長発達保障がいま求められている。

こらむ

権利と責任の主体

　障害者福祉や高齢者福祉の分野では、その福祉ニーズを満たすサービスに関しては、当事者自身による事業者との契約が前提となっています。それに対して、子ども福祉は行政による措置制度が残っています。

　これは、子ども自身が契約行為を行う主体として十分な判断力を有していないという側面とともに、対象者にとって有益であることは対象者にとってその行動の自由を制約してもかまわないというパターナリズム（「父権主義」「温情主義」）があると思われます。

　社会の動きは、供給者主体から利用者主体に移行しつつありますが、子ども福祉分野もそうした流れを意識した対応が求められているように考えられます。

相互作用●●●●過去の自分を慰めるように

「佳子さんが、子どもの香林ちゃんに大声を出したり叩いたりしていますよ。どうかしないと」

正月気分も冷めやらぬある日、昌史が真顔で言ってきた。私は言った。

「佳子は夫の健太の逮捕でイライラしているんだ。そんなときは抱きかかえて連れてきなさい」

健太一家は年末、わが家に「帰省」していたが、健太がトラブルを起こし、逮捕されていた。

書斎であやしていると、泣き疲れた香林が腕のなかで寝入った。そっと足元の座布団に寝かせて執筆を再開していると、ズボンのすそを引っ張られた。香林の訴えるようなまなざしに、私は手を差し出した。台所仕事を終えた妻が、そんな姿を見てほほ笑んだ。

「原稿の締め切りが近い。交代してくれ」

私の訴えに妻が言った。

「香林はあなたがお気に入り。育児に締め切りも終わりもありませんよ。お風呂に一緒に入ってください」

仕方がない。香林のホホをつついて「チャプチャプしようね」と話しかけると、香林は顔をクシャクシャにして喜んだ。

翌朝、電話が鳴った。検察庁からだった。一二日間の「つとめ」を終えた健太を迎えに来てほしいという。健太の処分は罰金。過去の事件と合算され高額である。健太の顔がひきつった。検察事務官は淡々と説明する。

「二週間以内に納付しなければ、拘置所で一一四日間の労役です」

これまで幾度就職先をあっせんしても、理由をつけて健太は就労しなかった。

「食べさせてくれるのになんで働かなきゃいけないんだ」

健太の言い分が聞こえてきた。

そんな健太もさすがに就職先を探し就労した。だが、一日目は飲んで日払いの給与を使い果たし、二日目は昼まで寝ていた。

納付期限まで一週間を切っていた。健太をしかり、最後に「検察庁に相談してやる」と励ました。だが、健太は「うざい」と言って飛び出した。健太の父親も同様の行動をとって行方不明だという。

「健太の苦難もそこが出発点だったろうに……」

私は天を仰いだ。

子どもたちが佳子の部屋に集まっていた。昌史がポロポロと涙を流していた。

「健太兄やんはバカや。なんでこんなかわいい香林を置いていくんや」

昌史をはじめ子どもたちは、親との別離や家庭の崩壊を経験している。香林の姿に自分の過去を投影しているに違いなかった。最近しゃべり始めた香林が、「ママ、ママ」と口にした。涙目の子どもたちが笑った。続いて香林が「パパ」と言った。子どもたちがうなだれた。

私は言った。

「健太はいつか帰ってくるよ。それまでみんなで香林をみてあげなさい」

以来、子どもたちは進んで香林を抱き、あやすようになった。その姿は過去の自分に向き合い、語りかけ、慰めているように思えた。

二〇〇九（平成二一）年四月一日に施行されたファミリーホーム（小規模住居型児童養育事業）制度は、こうした子どもたちの相互作用を生かすものとして期待されている。香林は私に腱鞘《けんしょう》炎を与えたが、子どもたちには優しさを引き出した。香林こそ傷ついた子どもたちの心を癒やす「神様の贈り物」なのかもしれない。

こらむ

周産期の母親への支援

佳子自身が、恐らく育った家庭においても同様の育ちをしたと推測されます。その上で経済的な困窮や健太との夫婦間の危機などが重なったことが、より困難にしているものと思われます。こうしてみると、佳子のような周産期の母親への社会的な支援を強める必要があります。

二〇〇九（平成二一）年四月に施行された改正児童福祉法において制度化された「家庭的保育事業（保育ママ制度）」（保育所の待機児童対策として自宅で保育士や看護師などの有資格者や一定の研修を受けた子育て経験者が原則三歳未

満の乳幼児を三人まで預かる）も、このような状況を意識した施策といえましょう。

ところで、東京福祉大学のヘネシー・澄子名誉教授は、胎児期からの三三カ月は、育児環境の良否が脳の組織と機能に深い影響を及ぼす重要な時期であるとして、佳子や健太が人生の早期で抱えたであろう反応性愛着障害の症状（軽度から重度まで）を以下のように説明しています。

行動面：衝動、刺激、欲求不満に自制がきかず、反抗的、挑戦的、衝動的、破壊的行動が目に付く。反社会的問題行動（嘘をつく、盗みをする、物を壊す、放火をするなど）を起こしやすい。自分を愛そうとする人の言動を束縛と感じ、攻撃的または自虐的、自滅的行為で反応する。他虐的で、小動物や自分より弱者に残酷で怒りっぽく、傷害を与える。自分に注目を集める行動や注意されるような行動をとる（間断なくしゃべったり、纏わりついたり、なかなか座ったり寝ついたりしない）。食べ物を隠して貯めたり、暴食したりして、難点を示す。

感情面：恐怖感と不安感を隠しもち、その表れとして激怒反応を起こしやすい。直面したことに対して不適当な感情反応を起こすので、むら気、怒りっぽいと見られる。抑鬱症状を根底にもつので、心から楽しんだり喜んだりできない。未来に対して絶望感を抱いている。

思考面：基本的に自分自身、人間関係や人生に対して、否定的、消極的な考えを抱いている。原因と結果の関係がわからない。常識が無い。物事に集中できず、年齢相応な考え方ができない。学習障害が目立つ。

人間関係：人を信じない。威張り散らす。人を操ろうとする。心からの情愛を受け入れず、自分も人に与えることができない。知らない人でも恐怖感無く接近し、誰でも構わず上辺だけの愛嬌と親しさを見せる。同年代の人たちと長期にわたる友人関係が保てない。自分の問題や失敗を他人のせいにする。自分の行動に対して責任をもたず、後悔や自責の念が乏しく、良心が欠如している。自分のしたことに対して他人を責め、責任を転嫁し、ひどい時には、親から虐待されたと訴えたりする。

自分に対して権限をもつ人、特に母親と慢性の間断無い抑圧問題、権力争いを起こす。親から示される愛情を受け入れないので、触覚防御児と診断されることがあるが、自分が欲する時は、平気で人に不穏当なやり方で触ったり、触ってほしいと要求する。自分はいつも被害者だと確信しているので、教師、医者、心理治療者を操って、専門家と親との間に確執を起こす。自分に近しくない人々には正常な態度で接近するので、三角関係を引き起こしやすい。学校の先生や医者へは、両親に対するのと異なる態度を示すため、両親の方に問題が有ると見られ非難されがちで、両親は、それらの人に怒りを感じている。それで、さらに両親は常軌を逸して怒りっぽいという印象を与えやすい。

身体的：非衛生的、触られることを嫌がり、遺尿症、衝動や刺激に対して自制が効かず怪我をし易く、痛みに対して忍耐強い。遺伝的に過激行動性や抑鬱症がある。

道徳面・宗教面：共感、信心、同情、後悔、社会的な価値観念に欠ける。邪悪や人生の暗い側に自分を合わせる。

このような症状を見せる反応性愛着障害は、幼少期の不適切な養育環境によってもたらされるもので、その後のさまざまな障害の基礎をなしているものと思われます。

激しい怒り

大人の向こうに親が見え

三時のおやつを終え、子どもたちがそれぞれの過去を語りだした。

「ばあちゃんが置いていくお金で食べていた」

私は誠一に聞いた。

「何を食べていたんだ」

「ラーメンやハンバーガー。ここに来て初めて手作りのものを食べました」

幸一が口を挟む。

「親父《おやじ》一人がうまいものを食べるんだ。ぼくたちはパン一枚」

「欲しいか、欲しいかと親父が聞くんだ。でも結局一人で食べてた」

苦渋に満ちた過去の思い出に表情がゆがむ。幸一にとって、家族は温かい思い出とは結び付かないようだ。最近やってきた智雄が、とつとつと語りだした。

「ぼくは家族がいつの間にかいなくなって。一年半ひとりぽっちだった。冷蔵庫に食べ物がなくなると、もう万引しか生きる手段がなかった」

子どもたちが、そうそうと身を乗り出してきた。いかに万引を上手にやるかの自慢話になったので、私は話を引き戻した。

「智雄の家族はどうしたんだい」

「母ちゃんは離婚して故郷に帰り、父ちゃんは肝臓を悪くして入院。独立した姉ちゃんが時々お金を置いていたけど、いつの間にかそれも途絶えて」

「大変だったなぁ」

沈黙を破り、幸一がまた語りだす。

「パン一枚の食事が終わると、ひもで手足を縛られて畳に転がされるんだ」

子どもたちの視線が幸一に注がれる。

「ベランダで足首を持たれて逆さまにブラブラされて『落とすぞ』と脅された」

「眼の下に広がる闇夜に落とされそうで、何度死ぬかと思った」

幸一の物語は続く。

「九歳になって初めて外に出て、公園で砂遊びをした。子どもってこんな遊びをするんだって思った」

やがて話すのも苦しくなったのか、幸一が下を向いた。長い沈黙が続いた。

「つらかったなぁ」

私は言った。智雄も言った。

「ぼくは世界で一番不幸だと思ってた。ここに来たらもっと不幸な子どもがいる」

人生の早期から身近な親から守ってもらえず、それどころか激しい虐待を受けると、子どもは著しい対人不信に陥る。幸一は大人の向こうに親を見る。親のイメージに激しく攻撃を仕掛ける。幸一は五カ所の施設を回ったが、職員はさぞかし疲弊したに違いない。

わが家に来てもそうだった。白目をむいて体を硬直させ、暴れて、散々に罵倒《ばとう》する。

「おまえなんか親父と一緒だ。信用なんかできん」

私は幸一から噴き出す怒りと悲しみを一身に浴びながら、対峙《たいじ》する。激しい行動を統制しつつ感情に触れてゆく。最後に幸一は泣いて謝罪する。和解し、少しずつ距離が縮まる。だが一歩成長したかと思えば、また同じ過程が繰り返される。
「どうせ見捨てるんだろッ」
私は泣き疲れた幸一に静かに語りかける。
「おまえを見捨てないよ。家族じゃないか」

こらむ

スイッチングと眼球運動

パトナムは切り替わり（スイッチ）行動に関して、突然キレたり、パニック発作など精神疾患に共通なものであると指摘しています。多くの場合、解離性切り替わりは眼球上転あるいは頻繁《ひんぱん》なまばたきと連合するとしています。

幸一がわが家にやってきた当初、見せていた行動もそれです。

ちなみに、昨今ＰＴＳＤの治療方法として注目されているＥＭＤＲが、眼球運動による脱感作と再処理方法であることは興味深いといえましょう。

なお、杉山登志郎医師は、子どもの「キレル」現象には、多動性障害に解離が重なって起きるものであり、子どもが好きな「あんぱんまん」などの嗜好を日頃から把握して、切り替わり行動に入ろうとする瞬間に、子どもの好きなアニメの話題などに触れてスイッチングを止める工夫を述べています。

彼岸 親子のきずなに思いをはせ

彼岸に子どもたちとお墓参りに行った。子どもたちは、原家族との生活で先祖に手を合わせる機会が乏しく、お墓参りに行くのは初めてという子どもも少なくない。花を買い、霊園に到着したものの、「ひしゃくとおけをもってきなさい」と一幸に指示しても、「ヒシャクってなんです」と理解できないので、一つひとつ説明しなければならない。

幸子や香織が妻と花束を分けている横で、一幸たち男の子はお墓磨きに精を出した。きれいになったお墓に花が供えられ、皆で手を合わせて拝んだ。空は青く澄み渡り、しばしの静寂が辺りを支配した。拝み終わって後ろを向くと子どもたちも神妙な面持ちである。

「はい、ご苦労さん」

私の声に、子どもたちも「ハレ」の結界から日常の「ケ」の世界に戻り、途端に騒がしくなった。誠一が「僕も入れますか」と聞いてきた。私は冗談めかして答えた。

「あぁ、いいぞ。先着一〇名様までＯＫだ」

「それじゃ、僕も今日みたいに拝んでくださいね」

誠一が真顔で言うので、私は笑いながら言った。

「順序から言ったら、私の方が先だな。時には墓参りに来てくれよな」

私とさほど身長が変わらなくなった誠一が、ハッとした表情を見せた後、はにかむように笑い、うなずいた。帰り道で買ったおはぎを土産に、車中は普段の喧騒《けんそう》に包まれた。

今日、日本の総世帯数約四九〇〇万世帯のうち、独居世帯が約一四五〇万、夫婦のみの世帯が約一〇〇〇万、合計すると半数に上る。これにひとり親と子どもの約四〇〇万世帯を加えると、六割近くを占める。かつて家族の典型とされた、両親と子どもが一緒に住む家庭は半数にも満たず、家庭のありようが大きく変化し、血縁的な絆《きずな》が乏しくなっている。同時に地縁的な絆も薄れ、ソーシャルキャピタル（社会資本としての人間関係）が失われている。

ましてわが家に来る子どもは、地縁、血縁の絆を失い、さまざまな打撃を受けている。

幸子がわが家へやって来てからも深刻な問題行動を重ねていると聞き、心配した母親が訪ねて来た。すると、猛夫は遠い施設で暮らす弟を突然訪ね、香織ははだしで飛び出して公衆電話から母親に連絡を入れた。子どもたちのそうした行動に、実の親や私たちが丁寧に対応すると、彼らは安心したかのように落ち着く。

だが、親との絆を完全に断たれている子どもたちは、そうした親を求める感情がそもそもないかのように一連の騒動に無関心を装う。しかし、その無表情の皮膚の下にはヒリヒリするほど切なく親を求める感情があることを私は知っている。

お墓参り。親を思い出す子、押し殺す子。口にしたおはぎが少し苦かった。

こらむ

韓国での取り組み

韓国では、国の補助金と民間からの寄付金で、家庭委託支援センターを設置、運営を民間に委託するという政策転換を背景に、親族里親を含み、里親への委託児童数がこの七年間で九・一倍、委託里親数は八・九倍に増えるという成果を上げています。

その中心人物が朴英淑（パク・ヨンスク）韓国フォスターケア協会会長です。一九九五年、パク女史は個人の立場で家庭委託保護活動を始めました。毎年三五〜四〇名の子どもたちを約三〇家庭に委託し、また、委託家庭は無料で子どもを養育しました。

彼女の活動は社会的な注目を浴び、一九九〇年には韓国が子どもの権利条約に加入した結果、その第二〇条（家庭環境を奪われた子どもの保護）に基づき、施設で暮らす子どもの数を減らす政策を訴えることができ、国内外の子どもに関する団体との連帯も可能になりました。パク女史の献身的な努力により、家庭委託保護は「子どもを中心とする社会的養護の一形態である」という考え方が普及し、グループホームと並んで家庭の代理養育の形として社会に認知されるようになってきたのです。

一九九八年、パク女史は、家庭委託保護に賛同する仲間とともに韓国フォスターケア協会（ＫＦＣＡ）を設立し、社団法人として登録しました。ＫＦＣＡの設立と同時に、子どもに関する国の政策を変えるため、国会でのロビー活動、里親教育、里親制度（フォスターケア）の積極的な広報を行いました。この結果、二〇〇〇年児童福祉法が改正され、家庭委託保護制度の記述をより具体化しました。同年、韓国福祉財団は、江原道支部を中心として家庭委託保護事業のモデル事業を再開し、江原道庁からの積極的な支援を受けることになりました。

二〇〇二年以降、家庭委託支援地域センターが相次いで設立され、地域センターは子どもと里親をつなぐネットワークの基地となりました。

二〇〇三年、政府は家庭委託保護制度を正式に制度化し、法律に明示し、今後一〇年の間に施設保護を段階的になくしていく計画を立てました。その計画のもとで、子どもたちには里親家庭やグループホームのような、施設に代わる養育を割り当てられることとなり、全国に家庭委託支援センターが設けられ、運営を民間に委託し始めました。

二〇〇四年、政府の保健福祉部が中央家庭委託支援センターを設立し、中央と地方をつなぐ全国的なネットワークが完成しました。

二〇〇五年七月、改正児童福祉法で、家庭委託支援センターに対する役割と支援方法に関する内容が初めて明確に規定され、保護される子どものための養育費用の補助と、家庭委託支援センターの設置及び運営に関する条文も新しく入りました。これにより、家庭委託保護制度が法律上で明確に規定されることになりました。

現在、韓国では国も地方自治体も、児童養護施設よりも家庭委託保護やグループホームなど、家庭的な小規模養育のほうがより子どもにふさわしい代替的な養育であるという考えにたっています。

複雑性ＰＴＳＤ

親との時間に癒されて

アメリカの精神科医、Ｊ・ハーマンは、激しい自傷行為や衝動的な行動化がしばしば観察される「境界性人格障害」の八一％は幼少期からの慢性的な心的外傷体験によるＰＴＳＤ（心的外傷後ストレス障害）であるとし、「複雑性ＰＴＳＤ」という概念を提唱した。激しい暴力を受けた者が示す複雑な精神症状をとらえようと試みたものであり、感情コントロールや対人関係の不安定さが特徴である。

「今日泊まるところがないのでぜひお願いしたい」

関係機関から受け入れ打診があった二時間後、係官に伴われて幸子はやって来た。自殺未遂を繰り返し、母親を包丁で切りつける家庭内暴力で保護されたという。係官が帰ると県警幹部が来訪し、私を驚かせた。みな、幸子の自己破壊的な行動を心配していた。

幸子は来た日から毎夜わが家を飛び出し、いさめる私たちに激しく反抗した。

「ダメなものはダメ。帰りなさい」

幸子の腕をつかんだ瞬間、激しく興奮し錯乱状態になった。その反応に、私は複雑性ＰＴＳＤの疑いを深めた。その後も裁ちばさみで腕を一〇数カ所切ったり、入水自殺をはかったり、タクシーに無賃乗車して故郷に向かうなど、幸子の問題行動は続いた。そのたびに関係機関の課長や係官が飛んできた。

絶え間ない問題行動の果てに、幸子は父親と過ごした二年間の傷つきと悲しみ、母親の元に戻った後に味わった見捨てられ体験を語った。飼い犬の世話や新たにやってきた年少の道代との交流を通じて、傷ついた心を癒やしているかのような毎日を送った。

やがて、幸子が弾くピアノの音が毎日聞こえるようになった。その音に誘われたかのように、引き受けを拒絶していた母親が訪ねてきた。美しい人だった。

「幸子をかまってやれませんでした」

その表情に母親と女性の幸せの両立を果たせなかった葛藤がうかがえた。私は言った。

「ご苦労が多かったでしょう。そのご苦労の半分は背負いますからね」

ホッとした表情を見せ、母親は深々と頭を下げた。

その後、母親は繰り返し来訪し、近くのレストランで食事をするなど交流が深まった。やがて、幸子を引き取りたいと言った。母親に甘えるように腕にすがって帰る幸子の後ろ姿には、今までにない喜びが躍っていた。最終的に、幸子の行動は母親に丸ごと自分を認めてもらいたいという根源的な承認欲求と、それが満たされぬ喪失感によるものと私は判断した。

弁護士の坪井節子さんは「その晩に」帰る家がない子どもたちのためのシェルターを作り、実績をあげている。九州でも弁護士グループが同様の取り組みを始めた。困った子どもは困っている子ども、問題行動を示す非行少年は不幸少年でもある。居場所のない少年への社会全体の支援が求められている。

第2フェーズの実践方針

一、自己の体験やそれに伴う感情の言語化

少年たちは親子分離や身近な家族からの激しい虐待を受けた経験を有している上に、帰るべき帰住先や家族統合の見通しもなく、周囲との絆を剥奪されたことによる「見捨てられ感」や「無力感」を抱えていることが少なくない。それだけに、J・ハーマンが指摘するように、安全感の保障された環境のなかで外傷体験を物語として語っていくことは心的外傷からの回復にとってはきわめて重要である。

本ホームでは、周囲との絆を深め、真摯に耳を傾け、受けとめられる体験に支えられて、少年たち自らがその内面を語っていけるように援助を行っていく。このように自己の体験とそれに伴う怒りや悲しみなどの感情を言語化していくことが、少年たちにとって、自己の内面に自らの感情をコントロールできる力を育てていくことにつながっていくと考えている。

二、ホーム内の相互交流の促進

誕生会や成人式などのライフイベントをはじめ、学校の試験や資格試験などを通じて、少年同士が支えあい、励ましあう体験を重視する。このような取り組みは、共感的な対人関係を築きにくい発達障害児にとっても重要な取り組みであると考えられる。

それと同時に、生活場面でのトラブルなどの際には、筆者らと少年だけでなく、少年同士の話し合いの機会を持ち、問題解決の力を育てる取り組みを行っていく。これまで周囲の仲間とも支配・被支配の関係しかもてなかった少年にとって、相互承認の上に立った「穏やかな人間関係」を学ぶことは極めて重要な課題である。したがって、ホームで生活する大人との関係にとどまらず、少年同士の相互交流を生かしたさまざまな取り組みを通じて、少年同士の絆をより深め、そこからさまざまな困難さを抱えたお互いの境遇への相互理解を深め、一緒に困難を乗り越えていく力を育む取り組みを進めていく。

三、自治活動を通じての社会参加のスキルの向上

二四時間の生活全体を共有できる本ホームの利点を最大限に生かして、生活全般での役割分担を行い、ソーシャルスキルのトレーニングに重点的に取り組むと同時に、そのことを通じて自己肯定感を醸成していく。具体的には、少年たちに玄関掃除、皿洗い、風呂掃除、夜の点呼の司会などの仕事を分担すると同時に、知的障害のある子どもには飼い犬の散歩や高齢者に食後の薬を渡す仕事などを割り当て、こだわりの強い子どもには戸締りを担当してもらうなど、それぞれの強みや個性を生かした取り組みを進める。

その際には、個々の少年の能力特性や関心を検討した上で、その役割分担や作業、レクレーション内容を決定していくが、その決定の役割を段階的に少年たちに移譲、委任する工夫を行っていく。そのために、週番を中心に朝夕の点呼や少年たち自身によるミーティングの開催を少年たちに委任し、自律的な運営を行っていくように方向づけていく。

このようにして、ホーム内で生じてくるさまざまな問題を自主的に解決していく取り組みを進めることを通じて、少年たちの社会参加のスキルと自律的な生活力の涵養に取り組む。

四、修復的司法による被害者性と加害者性の統一の取り組み

本ホームで生活する少年たちにとって、生活場面での葛藤や対立が起こることは集団生活である以上避けがたいものであり、少年たち同士の葛藤や対立が他罰的な姿勢や暴力的な対応へと事態が進行してしまうことも少なくない。

多くの少年たちが暴力や支配に曝された養育環境で育ってきたという現実を踏まえ、敵対的な人間関係とは異なる相互承認の関係を学ばせるという意味からも、ただ単に罰を与えるという応報的な対応ではなく、対話による修復的な取り組みとして個人面談や子ども会議を重ね、それらの問題を解決するように取り組んでいく。

具体的には、少年たち双方から行為の事実の確認と当時の感情を聴取した後に、他

害行為に及んだ少年に対しては過去の傷つきや悲しみに照らして被害少年への共感的理解を促す一方で、加害少年自身の内面の加害者性の自覚を深め、被害者性との統一を図るプロセスを進めていく。その上で真摯な反省の証として被害者への謝罪を求め、双方の少年と調停者としての筆者が一堂に会し、和解の場をもつ「修復的司法」の取り組みを進める。

3

いつでも帰ってきていいんだよ
〈自律の段階〉

――拠り所と居場所の継続的な保障――

第３フェーズ
１．社会的自立に向けての継続的な拠り所・居場所の保障
２．多様な社会参加の体験を通じた自己形成モデルの取り込みの機会の保障
３．発達障害の子どもに対する職業的自立支援

規範意識
「開放系」支援で育む

誠一がわが家にやってきたとき、早々に警察官が過去の事件の調書を取りに来た。物おじしない態度、調書に母印を押す仕草《しぐさ》で誠一の非行歴がうかがえた。児童相談所のワーカーは「いずれ非行少年が入所する児童自立支援施設に行くでしょうが、それまで味わえなかった家庭の温もりを与えてください」と言った。

なかなかのひょうきんぶりで、学校でもすぐに人気者になった。わが家でも物まねで笑いを誘った。だが、時折みせる眼光の鋭さは子どものものと思えなかった。体格で上回る年長少年を相手に挑発し、揶揄《やゆ》し、負けていない。興奮する相手の少年を尻目に逃げ回る。その光景に私は笑った。

だが、いただけないことも多かった。

「友だちがくれました」

「それを恐喝と世間では言うの」

「知り合いのおじさんからもらいました」

「それは万引と呼ぶな」

「知らないうちにありました」

「自転車の乗り逃げ。占有離脱物横領ね」

最も大きな課題は弱い子に対する暴力だった。悪ふざけの延長とはいえ、学校でもわが家でも深刻な被害を与えた。学校や児童相談所と連携して三年取り組んだが、三回目の加害行為で児童相談所に通告した。書類まで整えたが、最後の場面で私は思いとどまった。絆の弱さを感じたからだ。もう半年、さらに取り組んだ。だが、また深刻な被害を出した。

私は誠一を呼んだ。

「非行が止まらないから、自立支援施設に行ってもらう」

誠一の顔がこわばった。

「先生は、おまえのことが好きだぞ。いつまでもここにいてほしい。でも今のままじゃダメ」

「だが片道切符じゃない。おまえが本当にここに居場所を見つけ、家族になるための勉強だ」

「がんばれば、早く帰れるようにお願いする」

「毎月面会に行くぞ」

誠一の表情が落ち着きを取り戻す。

私は子どもたちを集め、意見を求めた。

「早く帰ってきてほしいです。三年後」

孤高の世界を誠一に侵されてきた博司が、皮肉を交えて言った。先月やってきた幸子は舌足らずの声で言った。

「さびしいー」

自立した青年たちからも電話が入った。そうした意見を誠一に聞かせた。子ども同士の相互作用を期待したからだ。誠一が手紙をもってきた。

「迷惑をかけてすいません。本当の家族になるために勉強してきます」

私は胸が熱くなった。ほどなく誠一は旅立った。

誠一のように規範意識の乏しい場合、より強い枠のあるところでいったん非行を止める。そして施設と連携し、順法意識と自己統制力を身に付けさせ、非行からの離脱を支援することが求められる。その意味で土井ホームの実践は、閉鎖系の自己完結型でなく、施設との連携・協働による開放系の運営で、行きつ戻りつ再入所可能な円環的支援の過程であると考えている。

解説

試し行動と限界設定

新しい環境にやってきた子どもは当初よい子を演じますが、やがてさまざまな問題行動を示すようになります。わが家では、子どもがやってきた当日、わが家のルールを示します。このようにあらかじめルールを明示的に説明しておくことが重要でしょう。一日の行動、一週間のスケジュールを目に見えるように掲示し、変更がある場合には朝夕の点呼の時間にできるだけ早く知らせる工夫をしています。努力と頑張りが目に見えるように表にします。目標を示し、達成したらお小遣いが増えるようにしています。自発的な行動を評価し、たすけあったり、支えあう行動が推奨されます。

それと同時に、最初の面接では、暴力やいじめなど他害行為は絶対に許さないということを伝えます。それは次のような言い方です。

「きみは、いままでいっぱい傷ついてきたよネ。もう二度と傷つかないことを約束するよ。だけれど、きみも人を傷つけることは絶対しないと約束してね」

このように約束させていても事件は起きます。トラブルは発生します。重大な人権侵害行為の際には、「最初に来たときに約束したよネ。暴力を振るわないことを」と、言葉の一つひとつに思いをこめ、子どもの目を見て毅然《きぜん》とした態度でメッセージを伝えます。「暴力は振るえばここにいられないことは知っているよな」と。

このような場面においても、子どもの主体的な選択を重視する態度を保持します。悪いことをしたから養育者から罰を与えられたのではなく、君が他害行為や逸脱行動を選び取ったのだという点に重点を置いた指導を行います。そこで反省をして行動の修正をするのも逸脱行動を続けるのも君自身の選び取った行為だという観点から、「行動の修正をするならどのような援助も惜しまないよ」と伝えます。

仮に重大な人権侵害が続いた場合には、措置変更も視野に入れて最後の働きかけとして話し合いを重ねますが、繰り返し支援しても逸脱行動が止まらない場合には、最後には措置変更の手続きを行います。

しかし、たとえ措置変更になっても、土井ホームの場合は、その施設に通い、手紙を出し、差し入れを行うなど、当該施設と連携しながらさまざまな支援が継続されます。そして、その少年がどの程度内省を深めたのか、ホームに生活する被害を受けた少年たちの意見を聞きながら、再入所の機会を保障しています。このような円環的な関わりによって、どこにも行き場のない少年たちにとって、決して「見捨てない他者」の存在は、他者への信頼感と自分の人生に〝希望〟を取り戻していくためには根源的な重要性をもつものであると考えています。

それと同時に、「他者の安全である権利を脅かす行為は決して認めない」という強固な限界設定と違反行為に対する処遇の明確化は、二重三重の困難を抱える少年たちを受け入れる土井ホームにとって必要不可欠な実践課題であり、決して「受容的な関わり」だけでは発達上深刻な課題を抱えた少年たちの自立を支援することはできないことも十分に留意されるべきでしょう。

このような土井ホームの実践に関しては、さまざまな意見があるかもしれません。しかし、家庭生活を基盤とし、何の強制力を有しない以上、自己完結型の閉鎖系の運営は困難であり、多くの関係機関と連携した開放系の運営は不可避と考えています。

こらむ

ノーマライゼーション

ノーマライゼーション（Normalization）とは、一九六〇年代に北欧諸国から始まった社会福祉をめぐる社会理念の一つです。この理念にしたがって登場してきたものには、以下のような福祉概念があります。

・コミュニティケア（Community Care）：高齢者や障害者が可能な限り自宅および地域のなかの家庭的な環境のなかで過ごせるようにするのに必要なケアのことです。

・ソーシャルインクルージョン（Social Inclusion）：ヨーロッパ諸国で近年の社会福祉の再編にあたって、その基調とされている理念であり、貧困者、失業者、ホームレスなど誰も排除されない、誰も差別されない社会であり、「共に生き、支えあう社会づくり」を目指すという理念です。

・インテグレーション（Integration）：差別を撤廃し、統合すること。とくに、教育の分野では障害をもつ子どもが通常の学級で一般の子どもと教育を受ける統合教育をさします。

自尊心の回復

「見捨てない」と言い続け

注意欠陥・多動性障害（ＡＤＨＤ）は多動性、不注意、衝動性を症状の特徴とする発達障害だ。その障害特性が理解されず、不適切な対応が重なると、周囲から叱責《しっせき》を受けることが多いだけに、自尊感情が低下し、貧しい自己イメージを抱き、自暴自棄な行動をとることがある。

啓太がわが家にやってきたのは一四歳。

「二度と古里に戻ってくれるな」

家族や親族にそう言われた。啓太は深刻な顔を見せない。風に吹かれた羽毛のように西に東に漂う。深夜零時、一時、二時にベッドのなかの啓太を確かめ、安心して就寝したら、啓太はおもむろに窓から「夜勤」に出かけ、明け方に戻ってくる。その元気にはホトホト感心する。言って聞かせたら、「フォッ」「フォッ」と、生返事する。

「フォッでなく、ハイッだろ？」

「フォッ」

〝啓太の耳に念仏〟である。

東の街で万引し、西の街では無免許運転、北の街でカツアゲ（恐喝）し、南の街では「ヒネ（警官）がいる」と、逃げ回った。伴走する私は、まるでジェットコースターに乗った気分である。最初の三年のうち、二年は「おつとめ」に出た。児童相談所の一時保護所で数度世話になってもブレーキはかからず、児童自立支援施設から少年院まで一直線である。帰ってきても家出を繰り返した。

不思議と家出先から毎日電話してきた。

「帰って来い」

「いや、働きたい」

「働いていいから帰って来なさい」

一〇日ほどすると啓太は帰ってくる。

「働いていいから高校に行きなさい」と、ぐずる啓太に私は言った。

「親だったら子どもの進学を望むものだぞ」

「親だったら……」の言葉に啓太の目が光った。

「心配するな。これまでもみんな高校に通した」と、啓太の自尊心の低さからくる不安を払拭《ふっしょく》するために、もうひと押しした。

その日から啓太は私の横で教科書を広げた。静かな食堂にストーブの上のやかんだけが音を立てている。カリカリと鉛筆の音がする。勉強に疲れると、啓太は「肩をもみましょうか」と声をかけてきた。武骨なもみ方だった。だが、啓太と歩んだ長いトンネルの出口がほのかに見え始めたようで、私はしばらく啓太のマッサージに身をゆだねた。

「見捨てない」「親だもの」「家族じゃないか」。啓太は家庭という土壌、親という根っこを失っただけに、こうした言葉を何千回と繰り返さなければ、その根深い対人不信と貧弱な自己イメージを乗り越えられなかった。

春。啓太は三年遅れではあったが、高校の門をくぐった。

淑徳大学の柏女霊峰教授は、その編著書『これからの児童養護』で、里親や児童養護施設で生活していた子どもたちに、自立のためのフェア・スタート（公平・公正な巣立ち）

を確保することが重要だとして、進学の機会保障を求めている。社会に巣立つときに、一般家庭の子どもたちと同じスタートラインに立てない、という現実を踏まえた指摘だ。

啓太はその後、念願の仕事に就いた。お客の注文に「フォッ」ではなく「ハイッ」と応じているようだ。

解説　注意欠陥・多動性障害（ＡＤＨＤ）

ＡＤＨＤは中枢神経系の機能不全により、年齢あるいは発達に不釣り合いな注意の集中や行動コントロールの難しさが特徴の発達障害です。

ＤＳＭ-Ⅳによれば、ＡＤＨＤの三主徴は、以下の通りです。

①不注意

・学業、仕事、またはその他の活動において綿密に注意することができない。または、不注意によるミス・過ちが目立つ。
・課題・仕事、または遊びの活動で注意を持続することが難しい。または困難である。

・直接話しかけられたときに聞いていないように見えることが多い。
・反抗的な行動、または指示を理解できないということではないのに、指示に従えず、学業、用事、または職場での業務をやり遂げることができない。
・課題や活動を順序立てることが苦手・困難である。
・学校の宿題や課題など、精神的努力の持続を要する課題に従事することをしばしば避ける、嫌う、またはいやいや行う。
・各種の作業や課題や活動に必要なもの（おもちゃ、教材、鉛筆、本、道具など）をよくなくす。
・外からの刺激によって容易に注意をそらされる。

②衝動性
・質問が終わる前に、出し抜けに答えたりする。
・順番を待つことが困難・苦手である。
・人の邪魔をしたり、介入したりする傾向がある（人の会話やゲームに割り込むなど）。

③多動性
・よく手足をそわそわと動かし、または椅子に座っているときにもじもじする。

・教室や、その他、座っていることを要求される状況で席を離れることが多い。
・不適切な状況（おとなしくしていなければいけない状況など）で、余計に走り回ったり高い所へ上がったりする（青年または成人では落ち着かないように感じられるだけのときもある）。
・静かに遊んだり余暇活動につくことができない。
・「じっとしていない（動き回る）」または「まるでエンジンで動かされているように」行動することが多い。
・しばしばしゃべりすぎる（おしゃべりが目立つ）。

なお、ＤＳＭ-Ⅳ-ＴＲでは、症状の表れ方によって、多動性―衝動性優勢型、不注意優勢型、混合型の三種に下位分類されています。

精神科医の長尾圭造さんは、ＡＤＨＤの合併・併存症としては、反抗挑戦性障害、行為障害、学習障害、不安障害・うつ状態、思春期躁うつ病、チック・トゥレット病が多いとしています。また長尾さんは、ＡＤＨＤの家族集積性を指摘しており、両親の子ども時代の様子や兄弟の様子を聞くことで、家庭での様子や関係の理解が進む場合もあると述べています。

ＡＤＨＤの症状は場所・時間・相手・まわりの状況などで症状が変わるため、学校での様子と家庭での様子が一致しないことも多いとされています。これは、ＡＤＨＤ児には被影響性が強く、周りとの関係で二次反応による症状加工を呈することも多いためであると、長尾さんは説明しています。長尾さんは、一般的には発達とともにＡＤＨＤの症状は軽くなるが、基本的特徴はもち続けることが多く、適切な治療や対応によって、これが生活の支障とならないような工夫が求められると指摘しています。

啓太の場合も父方祖母とは「一卵性双生児」（親族の話）と言われるほど似通った状態像を示すなど家族集積性が見えることや〝啓太の耳に念仏〟状態であり、対人関係の困難さ、言語性と動作性ＩＱの差が30もあることなどから後にＰＤＤと判断されるにいたりましたが、ＡＤＨＤとＰＤＤの異同に関するさまざまな研究者の見解は、次の「ＡＤＨＤとＰＤＤの特徴とその異同」を参照してください。

解説

ＡＤＨＤとＰＤＤの特徴とその異同

注意欠陥・多動性障害（ＡＤＨＤ）は、衝動性、不注意、多動性を特徴とする発達障害ですが、バークレーは「ＡＤＨＤはワーキングメモリー、行動抑制、動機づけの調整、行動統制からなる実行機能の障害である」と述べています。北海道大学の田中康雄教授は、ＡＤＨＤは生涯にわたる障害（lifelong disorder）であり、その基本的な状態像の変遷を以下のように紹介しています。

妊娠期：胎動がはげしく、こうした胎児の激しい動きが、母親にひどいつわりを生み、妊娠中の気分をつらくさせることがある。

乳幼児期：よく泣いて、なだめることが難しく、なかなか夜に寝付いてくれなかった。興味関心が移ろいやすく、食事が習慣化しにくく、偏食傾向が目立つ。

幼稚園・保育園時代：集団生活が開始されるにしたがって、落ち着きのなさ、多動さ、不注意さ、待つことの苦手さが目立ってくる。

学童期：入学前の状態像がさらに際立ってきて、周囲とのトラブルが多発する。

思春期：多動性は影をひそめ、衝動性や注意集中の困難が強く認められ、規律やルールに従うことが難しく、思春期特性もあいまって、かっとしやすくなる。

青年期・成人期：学童期や思春期に継続して、（障害の基本的症状）の中核は不注意と衝動性に加え、二次障害の問題である。

田中教授は、このようにADHDの子どもの課題が発達段階に沿って変遷していくことに留意すべきであると指摘し、特に学童前期までは基本症状に重点が置かれるが、以後は情緒、行動上の問題へと重点が変化していくこと、そして自己評価の低下に注意を払うことが重要であると述べています。

国立国際医療センター国府台病院の児童精神科医・渡辺京太医師や齊藤万比古医師は、ADHDには家族集積性があって、親のADHDの問題は育児困難や結婚の破綻など社会生活の困難を生じ、それが虐待につながる可能性となり、子どもの発達に大きな影響を及ぼすと指摘しています。このようなADHDの特性を踏まえるとき、家族を含めた困難を理解し、適切な対応をとることが求められていると言えましょう。

ところで、北里大学の生地《おいじ》新《あらた》教授は、ADHDの診断過程で、広汎性発達障害（PDD）との鑑別に迷う例は少なくないと指摘し、広汎性発達障害と診断された子どもでもADHDの診断基準を満たす者も多く、逆に乗り物などへの関心の集中、こだわりなどはADHDの子どもにも多く、発達の経過のなかでより「広汎性発達障害らしさ」が大きくなるケースもあり、臨床的には鑑別しきれない境界域のケースもあると述べています。こうした背景には、DSM-Ⅲではは ADHDと広汎性発達障害との重複診断が認められていましたが、DSM-Ⅲ-Rからは重複診断が認められなくなったことがあります。この点は、ＩＣＤ−10でも同様で、一九八七年以降、両者の重複診断が認められていない点で一貫しています。

しかし、岡野高明医師や高梨靖子医師は、ＤＳＭ−Ⅳにおいては、自閉性障害とＡＤＨＤは同時に診断することは禁じているが、実際には多くの患者で併存すると述べています。

同様に、市川宏伸医師もＡＤＨＤと近縁疾患である広汎性発達障害との異同が問題になっており、その上で、ＡＤＨＤと診断した子どもの経過を追っていくと、別の症状が出現してＰＤＤと診断変更せざるを得ない場合があることを指摘しています。そして、ＤＳＭのような操作的診断基準では、ＰＤＤがＡＤＨＤに優越することになっているが、診断変更には特定不能の広汎性発達障害をどう判断するかが関係しているように思われると述べています。

こうした指摘は、広汎性発達障害に属するアスペルガー障害においても同様です。ＤＳＭ−Ⅳ−ＴＲでは「アスペルガー障害では多動・不注意の症状がよくみられ、実際この障害を有するものの多くは、アスペルガー障害の診断を受ける前にＡＤＨＤの診断を受ける」と本文中に記載されています。医師の松浦理英子さんや田中康雄教授もまた、両者の鑑別がきわめて困難で、ＡＤＨＤとして診察を求めた受診者がアスペルガー障害の診断のほうが妥当な印象をもつ場合があると述べ、両者の重なりの是非をめぐっては、今後の研究が求められるとしています。

非行と虐待

福祉の谷間で忘れられて

東京福祉大学の松浦直己教授が実施した児童期虐待体験調査によると、少年院在院少年は一般高校生と比べ、身体的虐待は一四倍以上、心理的虐待は七倍以上というスコアだった。これは、虐待と非行との間に強い関連性があることを示している。

「こんにちは。和哉です」

「おおう、元気にしているか」

「はい。頑張っています。皆さん変わりはありませんか」

ここ数カ月、電話で交わされる和哉との会話である。

家族が引き取りを拒んで行き場がなく、三年前にわが家へ来た和哉は深刻な課題を抱えていた。一八年の人生のうち、後半のほとんどの時期を矯正教育施設で過ごした。非行内容も深刻で、引き取りをためらったが、結局わが家に迎えた。

さまざまな紆余曲折《うよきょくせつ》の後、和哉は親元に帰り、明るい声で電話をかけてくれるようになったが、ある時声がくぐもっていた。

「父が脳梗塞《のうこうそく》で倒れました」

和哉の報告を聞きながら、かつて交わした父親とのやりとりを私は思い出していた。和哉には、時々意識消失が認められた。治療にあたり、医療費の減免申請をしようとしたが、役所は親権者による書類提出を求めた。私はさっそく父親に電話したが、和哉の名前を出しただけで、拒絶的な反応を示した。一流企業の優秀な営業マンだったという父親は、和哉の非行で居づらくなり関連会社に転出していた。同情の余地は大いにあるが、だからといって、酔って帰ってきて和哉に熱湯をかけてやけどを負わせ、包丁で切りつけるなど許せるわけではない。

虐待家庭の親には、貧困や格差などの問題を抱えていることが多いが、和哉の父親のように社会的な地位を有している場合もある。「医療費を出してくれと言うのではない。せめて親として書類は出してほしい」と説得したが、父親はかたくなに拒否し、私はむなしく電話を切った。結局、書類が整わないために、減免申請を断念した。父親の拒絶は和哉の「見捨てられ感」を一層募らせるばかりなので、和哉に伝えずに私一人の胸に納めた。

やがて和哉は三年ぶりに親元に帰り、直後に父親は倒れた。リハビリをせず、自宅にこもって家族にいら立ちをぶつける父親の対応に悩む和哉に、身体の自由を失った父親の精神状態を話して理解を促し、福祉制度の活用を勧めた。

ところで和哉のように、一八歳を過ぎて児童福祉法の対象から外れ、それでもなお継続的な支援を必要とする少年は、福祉の谷間にあり、その支援は実に困難だ。二〇〇八年の通常国会に提出された児童福祉法改正案では、こうした少年への支援を二〇歳まで継続する措置、および少年法と同様に保護者の指導を可能にしていた。だが多くの児童福祉関係者の願いをよそに、政党間の主導権争いという「政局」のために法案は廃案となるなど、成立まで紆余曲折があった。和哉のように福祉の谷間で忘れられている少年たちに居場所を与え、社会参加の道筋を与える努力が社会全体に求められている。

こらむ

福祉の谷間にある青少年への支援

二〇〇九年の児童福祉法の改正は、福祉の谷間にある少年たちの支援を二〇歳まで可能にした点で大きな前進です。しかし、これを主要に担う自立援助ホームでは、年間六一九万円という最低保証（定員払い）がなくなり、現員制度となったために入居少年が一、二人という状態になった場合には、職員の給与も確保できないという不安定さを抱えることになりました。

大分市にある自立援助ホーム「ふきのとう」でも二〇〇九（平成二一）年四月、五月には入居少年が一人となり、経営困難に陥りました。同ホーム長・澤田正一さんは、「児童養護施設は原則一八歳まで。両親にも頼れず、帰る場所がないことがどれだけ心細いか」「年齢に関係なく、安心して暮らせる〝家〟が必要な若者を支えたい」と、ホームの存在意義を語っています。

こうした事態を受け、三ホームある鳥取県は四月、国に制度の見直しを要望しました。愛知県名古屋市は市内唯一のホームに年間約二三〇〇万円を補助しており、今後も市単独で昨年度並みの補助を続けるとしています。全国自立援助ホーム連絡協議会では「小規模施設ほど運営が厳しい状態に陥っている。助けを必要としている若者は多い。支援してほしい」としています。

土井ホームも二〇歳を超えて社会に適応できず、社会の支援のない青年を常に数名抱えているだけに、自立援助ホームの施設長の苦悩は理解できます。社会的養護とは、養育者と国家・

行政が対等のパートナーシップのもとに、子どもを健やかに育てていく制度ですから、社会的養護に関わる人々が経済的に苦悩することなく子どもの養育に専念できる環境づくりが望まれます。

感情的麻痺

被虐待体験を直視できず

「またですか」

妻があきれ顔で言った。和仁が「世話になりたい」と、また言ってきたからである。

私は顔の前で手を合わせた。

「仕方がないですネ」

妻は大きなため息をついて立ち上がり、エプロンをつけた。親子丼をかき込む和仁の横顔を見ながら、和仁が初めてやってきた日を、私は思い返していた。

和仁は三年前に一四歳でわが家にやってきた。だが、家庭でも同居の子どもに乱暴をふるい、中学校でも授業中に廊下や職員室を歩き回り、制止する教師を威嚇するなど粗暴な行為が目立った。再三の警告にもかかわらず、最後には刃物を出して少年たちを脅したことから、やむなく家庭裁判所に通告し、和仁は「おつとめ」に出た。

毎月、妻と二人で少年院に通い、励ました。親の援助が望めないので、もう一度和仁を引き取ることを決意した。

「本当にいいですね」

保護観察所は何度も尋ねた。

「世の中で誰にも相手をされず、見捨てられたと思うと、和仁の更生も進まないでしょうから」

私はそう答えた。

少年院の教官とも面談し、出院に向けて話し合いを重ねた。面会した和仁は丸刈り頭だけにあどけなく見えた。和仁は更生に向けて頑張っていることや、以前入所していた児童自立支援施設でとうとう一回も親が面会に来てくれなかったこと、父親が次々と替わることの寂しさ、また悪さをしたときに母親からゴルフクラブで殴られ意識を失ったことがあることなどを語るようになった。

和仁のように、長期反復的な虐待を受け、常に暴力的な養育環境に身を置くと、その環境で支配的であった暴力で他人をコントロールしようとする虐待的な人間関係、支配

―被支配の関係性を内面に取り込む。対人関係においても暴力的、破壊的な様相をみせ、さらに衝動統制の難しさと暴力行為に対する抵抗感のなさから、すぐに暴力を加えてしまうこともしばしばある。非行の背後に虐待やいじめなどの迫害体験が存在することは決してめずらしくなく、当人にとってそうした体験は直視しがたいものだけに、心を麻《ま》痺《ひ》させてしまうことが少なくない。

大阪大学の藤岡淳子教授は、非行少年などが抱く感情や思考の偏りは、被虐待体験による激しいトラウマが示す感情的、認知的、行動的影響の一部であり、それが被害者をして加害者をも演じさせうるトラウマの反復強迫へと導くとしている。そして非行少年たちには、感情的麻痺がストレスに対する主要な対処方法となっていると指摘している。それにもかかわらず、和仁が内面の悲しみや傷つきを言葉にしたことを、私は評価した。

さて、和仁は出院直前になって母親が引き取りを表明した。和仁の非行の背後に、母親への満たされぬ思慕があると考えてきただけに、私はホッと胸をなで下ろした。出院の日に挨拶《あいさつ》にきた和仁だが、やがて母親の家を飛び出し、その後は来るたびに職業が変わっていた。そして、年の瀬も押し迫った昨年末、和仁は思い詰めたように言った。

「もう一度置いてください」
それは大きな波乱の毎日の幕開けでもあった。（続く）

こらむ

被虐待児の学習

淑徳大学の柏女霊峰教授は、施設入所児は四重の痛手を負うと指摘しています。すなわち、入所前の劣悪な環境がもたらす痛手、入所によって家族や友と別れる痛手、そして、不適切な施設生活がもたらす痛手、施設退所後に一般家庭の子どもと同等の機会（フェア・スタート）が保障されない痛手です。

こうした痛手が、実は虐待といわれるものなのです。親からの虐待は当然にも子どもに自尊感情の低下をもたらしますが、そうした惨めな自己を直視することは苦痛であることは容易に理解できるでしょう。このような苦痛をやりすごす方法として、子どもたちは心を麻痺《まひ》させることで対処することを学習してしまっていることが少なくないのです。藤岡教授の指摘は、こうした子どもの心理的な対処を説明しているのです。

生活訓練 「行きつ戻りつ」しながら

少年院を退院した和仁は、母親宅を飛び出して仕事を転々とし、「また置いてほしい」と訪ねてきた。そのうち、和仁が事件を起こし逮捕が間もないという情報が耳に入ってきた。

「ハハーン、逃げ込んできたな」

私はその日まで、和仁には乏しかった家庭的なぬくもりを与えようと決心した。

少年の支援に関しては、少年院が出院に向かって直線的に進むのに対し、私のホームの場合、代替的な家族的ケアを基礎にして、繰り返しの入退所も可能とする「行きつ戻りつ」の円環的な発展の過程であることが大きな違いである。だが、事情を知らぬほかの子どもたちや同居の大人たちから、和仁の再入所に一斉に反対の声が上がった。

私は和仁を呼んだ。

「和仁、今日から名前を変えろ」

「エッ、なんでですかっ」

「人間は靴を履いて玄関から出かける。おまえみたいに窓から裸足《はだし》で出入りして、隣家にタバコを投げ捨てるのはネコと同じだ。明日からタマだ」

「そんな……」

和仁は頭をかきながら苦笑いした。

翌日から、「タマ」は感心にも靴を履くようになった。便所のスリッパを履いて出かけ、そのまま上がってきた。拾った犬を家の中に放した。注意する年長者に、タマは瞬く間に凶暴な虎に変身し牙をむいた。

「うち殺すぞぉ、くそばばぁ」

和仁たちのように虐待的な養育環境で育った者は、基本的な生活習慣や対人スキルを習得する機会が乏しく、人生の指針となる自己形成モデルの「確かな大人」が身近にいなかった。だから地道な生活習慣の定着への指導は欠かせない。

私が呼ぶと、和仁はシュンとなってまたタマになる。

「ポチだって、お座り、待て、と言ったら言いつけを守る。すぐには人間になれそうにないからまずポチをめざせ」

「タマからポチすかっ」

だが、生得的な能力や暴力的な養育環境などさまざまな要因は、和仁がタマからポチに成長することを簡単には許さない。妻は近所六軒に菓子折りを持ってわびてまわった。

「あれだけ言ったじゃないですか。人間の本質なんて簡単に変わらないって」

三年前にもさんざん被害にあった恵一の抗議とお説教を、私は聞く羽目になった。

和仁が働きに行きたいと希望した。生活訓練が優先だと考えたが、更生のきっかけに就労と結婚が契機となることも少なくないことから、和仁を就労させた。

だが、和仁は休みの日に遊んでいた中学生を血だらけにした。遊びと暴力の境がない和仁に強く警告した。

「約束しただろ。暴力は絶対ダメ」

和仁は反省の態度を示し、被害児に謝罪したが、また翌日血だらけにした。私は意を決して被害少年と警察署に向かった。みぞれが降っていた。正月まであと三日という年

の瀬であった。(続く)

解説　深刻な問題行動を表出する青少年の社会的自立をどこで支援していくのか

日本では虐待などによって家庭から離れる子どもの九〇%が児童養護施設へ措置されていますが、現在、定員一杯の状態です。また、深刻な問題行動を示す子どもに対しては、職員の配置数や労働条件、また職員の専門性の問題から十分な対応ができず、機能が崩壊状態となっている施設の存在も指摘されています。

それでは、そのような深刻な発達上の課題をもつ少年たちの社会的自立を支援する場としてはどのようなところがあるのでしょうか。

虐待による深刻な問題を抱えている子どもに対しては専門的な治療的援助が行える場が必要であり、そのような場は、現在のところ、児童精神科の入院治療、情緒障害児短期治療施設、児童自立支援施設、治療的専門里親などです。

全国児童青年精神科医療施設協議会に所属し、精神疾患や虐待、発達障害などを扱い、児童精神科の専門外来や病棟のある病院・施設は全国に二八カ所。明確に児童や思春期の診療に応じていると表明している医療機関は二〇〇八（平成二〇）年三月段階で三二カ所となっています。精神科医の齊藤万比古さんは、このうち、児童精神科入院機能をもつ医療機関は全国で二〇数カ所であると指摘しています。また厚生労働省の調査によれば、「子どもの心の診療」（厚生労働省）を定期的に行っている小児科医と精神科医は約一五〇〇人いますが、専用病棟をもつ医療機関と診療部門をもつ大学病院に勤務する児童専門医は全国でわずか七〇人であり、審議会（「子どもの心の診療拠点病院の整備に関する有識者会議」二〇〇八年九月一九日）でも、数少ない児童精神科の専門医に患者が殺到し、数カ月の予約待ちとなっている現状が指摘されています。

また、虐待などにより心的外傷を受けていたり、引きこもりや発達障害など日常生活に支障がある二〇歳未満の青少年を受け入れる施設である情緒障害児短期治療施設は、二〇〇九（平成二一）年二月段階で全国で三二カ所（在所者数一一〇四人・定員一五四一人）であり、児童養護施設に比べると心理専門職が多く配置され、専門的な治療的援助が期待されていますが、一部の施設では児童養護施設同様、被虐待児などの深刻な発達上の課題を抱えた子どもへの対応ができず、機能不全となって一時受け入れ中止を決めた状況も報告されています。

また、非行や暴力等、行動上の問題が顕在化している児童を受け入れる児童自立支援施設は、二〇〇九年二月段階で五八カ所（在所者数一九九五人・定員四〇〇五人）となっていますが、都市部を中心に一三〇％を超える施設があり、そのために家庭裁判所が措置したくても措置できない事例や入園待機児童の事例も報告されています。

また、このような深刻な発達課題を抱える子どもの受け入れによって施設が機能不全に陥ったり、定員超過のために受け入れ困難というケースの他に、入所年齢の問題があります。具体的には、情緒障害児短期治療施設や児童自立支援施設は原則として一五歳までの学齢期の子どもを受け入れ対象としているために、年齢が一五歳を超過した少年たちの受け皿とはなっていないことも大きな課題といえましょう。

ところで、諸外国の例に倣い、わが国でも二〇〇四（平成一六）年に「専門里親」制度が創設され、専門里親一人に上限二名の被虐待児が委託されていますが、登録された専門里親は二〇〇七（平成一九）年度末段階で四二八人（うち児童委託中は八六人）にとどまっており、厚生労働省の期待通りの増加は見せていません。

こうした現状を考えるときに、深刻な発達上の課題を抱える青少年の社会的受け皿を増やし、人的な充実をはかることは喫緊の課題と言えましょう。

罪の意識

周囲の支えがあってこそ

正月を前にした警察署。みぞれのなか、被害少年と訪ねると、少年係長が当直だった。再三の警告にもかかわらず、和仁が暴力をふるい、周囲の年少児に深刻な被害を与えたことを手短に説明した。係長はジッと聞いていたが、思案顔だ。福岡県警一万一〇〇〇人。少年事件を所管する生活安全部は一割にも満たず、各署で少年事件に携わる警察官は三〇〇人。これで県全域をカバーしている。年の瀬だけに人員が少なく対応が困難というわけだ。だが和仁の名前を聞いた途端、他署に電話した係長は言った。

「逮捕令状が請求されていますね」

年が明け和仁は逮捕された。その後、一カ月前に雇用した会社の社長が引き取りを表明してくれた。和仁には強い枠のなかでの教育が必要だが、社会の大人に受け止められる経験も必要と考え、その表明に私は同意した。裁判所は保護観察処分に付し、社長に身柄を預けた。

だが和仁は、そこでもパトカーが出動する問題を起こし、またわが家に戻ってきた。わが家でもさらに問題を繰り返した。結局、半年間に六回のパトカー出動する大騒ぎの末、和仁は高校生から三〇〇〇円恐喝したとして逮捕された。

一〇日間の拘留延長の結果、少年係の係官の粘り強い取り組みで、和仁は非行事実を認めた。私は警察の留置場に衣類を届け、面会した。

「見捨てないぞ。がんばれ」

少年鑑別所に移っても面会を継続した。

長く矯正教育に携わる内閣府の森伸子さんは、罪障感《ざいしょうかん》（罪の意識）の覚醒《かくせい》を図る指導において、以下の点を導き出すことが重要だと指摘している。

①非行事実の客観的な振り返りと自分の行為の直面化

②被害者やその家族などに与えた「痛み」の共感的理解

③責任の認識と贖罪《しょくざい》の自発的行動。

森さんは、この過程が進んでいくには周囲の支えが不可欠であると述べている。自分一人では抱えきれない結果が目の前にあり、認めたくない気持ちが強い状態で、苦しい気持ちを理解し、時には一緒に苦しみ、この先のことを真剣に考え、具体的な助言や支援をしてくれる存在が、罪障感を次の段階に進めるために必要と述べている。

私は裁判所など関係機関に、和仁が抱える深刻な課題の意見書を送った。和仁には、非行行為の持続性、非行種類の多種方向性、非行程度の進行性がみられ、また人生の早期から非行が始まり、他者への重大な権利侵害行為があることから早発重症型と考えられ、教育が必要という意見だ。

それと同時に、鑑別所で面会を繰り返し、内面の葛藤を言葉にするよう励ました。このころには、弁護士や家裁調査官も面接を開始し、さまざまな「確かな大人」が関与し始めた。そうしたある日、面会した私は和仁の変化に驚かされた。（続く）

少年審判●●●●深い反省に更生を期して

和仁は一月に逮捕され、三カ月後に再逮捕された。警察や鑑別所という逃れられない環境にいるときこそ内省を深めさせ、事件と直面し、被害者が味わった痛みの理解と謝罪、いじめや親からの虐待をうけた和仁自身の悲しみや傷つきを言葉にさせることによって、和仁の内面に自分の感情や行動をコントロールできる主体性を育てていく取り組みが必要だ。

「今回の事件をどう思っているの？」

私の投げた言葉を頼りに、和仁はなんとか言葉を紡ぎだそうとする。一月には親からの見捨てられ感を語った和仁だが、今回は被害者に味わわせた苦痛と反省を語った。粘土を壁に投げつけるようなかつての物言いと異なり、深みを増した言葉に私は驚いた。

「今日話したことを紙に書いてごらん」

私は言った。

「いつも見守っているぞ」

和仁は、明るい表情で力強く手を握り返した。

鑑別所から帰宅すると弁護士から電話があった。

「ぜひお目にかかりたい」

訪ねてきた弁護士に私は経緯を話し、和仁の長いこれからの人生を考えると、一八歳を前にしたこの時期に少年院での「教育」が必要だと述べた。弁護士も首を縦に振った。

その夜、和仁から長い手紙が届いた。最後にはこうあった。

「もう一度チャンスをください」

少年院送致は不可避であり、今の和仁には矯正教育が必要という思いの一方で、私は心が揺れた。妻に手紙を渡した。強硬な意見だった妻が、手紙を読んだ後に言った。

「助けてくださいと言っているのに、親代わりの私たちが手を差し伸べないというのも……。何とかしてあげたら」

一月の事件で保護観察という穏便な処分の末に起きた事件だけに、ことは容易でない。

私は担当の家裁調査官に電話したが、やはり反応は硬かった。私は和仁に見通しは困難と伝えた。

審判の日が来た。少年に威圧感を与えないよう裁判官や関係者、少年も同じ目線で向かい合う。調査官、弁護士が穏やかに反省を促す。丸刈り頭の和仁は三枚のリポート用紙に書いた反省と誓いを読み上げた。聞いていた裁判官が問いかけた。

「一月の反省と今回はどう違うの？」

再犯という事実を突き付けられ、和仁は言葉を失った。

「文章はよく書けていたが、そこまでは答えられないか」

旧知の裁判官は私に意見を求めた。私の意見を聞きながら、天井を見上げた裁判官は迷いの表情をみせ、調査官と退席した。戻ってきた裁判官はおよそ六カ月間の短期の少年院送致にすることを告げた。私は和仁の肩に手を置いて言った。

「面会に行くからな」

退室した私は手帳を繰りながら、裁判官の最後の言葉を思い出していた。

「君の更生ぶりを見に行きます」

ここにも少年に寄り添う人がいた。（続く）

こらむ

明確な限界設定と司法機関との連携の必然性

和仁の少年院送致に関してですが、和仁自身が周囲の援助の環をことごとく破壊していたことを考えると、新たな援助の枠（司法的な枠組み）のなかで強制力を伴った「枠付け」を行うことは不可避であったと考えられます。和仁のように常習累犯者であり、しかも非行が止まらない状態にあるものは、物理的な壁によって非行という行動化を制止し、然る後に内省へと進めていくこと、そして、その過程を継続的に支援していくことが有効であると考えています。

ちなみに、このあとのエピソードで登場する俊二は少年院に措置された後、「筆者家族や関係者から盗んだのは、筆者たちへの行為であれば警察に突き出されないと思っていた」と、告白していました。やはり、このような激しい逸脱行動を繰り返し続ける少年には、虐待被害者の相に焦点を当てた「受容と共感」だけでは決してうまくいかず、毅然とした態度で少年たちの「壁」となって対峙していくことが求められているのであろうと思われます。

その点では、大阪大学の藤岡淳子教授が指摘するように、「加害者の相」にまず焦点を当てて他害行為の抑止、謝罪と被害者との和解といったプロセスを経たのちに「被害者としての相」に光を当て、新しい絆を創造しつつ、言語化やエンパワメントの段階へと進むのが妥当と考えられます。

さらに言えば、和仁のように要保護性の高い少年の更生に関しては、少年院をホームにとっても社会資源の一つと位置付け、その有効活用を図ることが必要でしょう。したがって、少年院措置をただちに処遇不良ととらえず、施設内処遇と社会内処遇との連携という観点に立って少年の更生・支援を図ることが重要であると考えています。

事実、俊二には、逸脱行動から離脱すると、事件の際に関わった警察官や弁護士などに面会を求める行動が観察されました。

ちなみに立命館大学の廣井亮一教授は「加害者の相」でなく「被害者の相」からの働きかけを提唱しており、こうした司法福祉の取り組みがどのような成果をもたらすのかも注目されます。

非行 ●●●● 大人に支援を求める行為

和仁は再三の非行で逮捕され、少年院送致となった。一カ月後に和仁を少年院に訪ねることにした。日食で通行の少なくなった高速道路でひたすら車を走らせながら、和仁の成育史に思いをはせた。

父親は三度変わり、母親は和仁の非行にゴルフクラブで頭部を殴るという環境で育った。養育者の度重なる変更、暴力的な養育環境という絵に描いたような育ちの上、和仁自身が発達上の課題を抱えていた。和仁を雇用した社長は、わが家を訪れて言った。

「何か障害があるのでは？　仕事を教えても、和仁は翌日にはすっかり忘れていた」

思案を重ねるうち、車は目的の町に入った。軍港で名をはせた町の入り江に、少年院は建っていた。統括専門官に和仁の近況を聞き、やがて担当の法務教官に促され和仁が入室してきた。

「元気にしているか」

「はい。今日は遠いところをありがとうございました」

和仁は屈託《くったく》ない表情をみせた。それから和仁は、機関銃のように話し出した。

「おう、おう、そうか」

私は飽きることなく耳を傾け、相づちを打った。

快活に話していた和仁の話が、ある地点で途切れた。

「これから俺、どう生きたらイイすかネェ……」

皆既日食のように暗い表情になった和仁に、私は言った。

「おまえを一四歳から引き取って繰り返し受け入れた。同居の子どもに暴力をふるうかもう再度のチャンスはない。だが、おまえに居場所を作ってやらなければと、ある方に引き取りをお願いした」

「そうすかッ」

和仁の顔が再び晴れた。

「先生のおかげです。一度目が長期なのに、二度目の少年院が短期って珍しいと言われるスッ」

「退院後の生活と併せて更生しろということだろう」

和仁は大きくうなずいた。

少年の非行には、児童相談所の児童福祉司、警察の少年係官やサポートセンター職員、少年鑑別所職員、家裁調査官、弁護士、少年院法務教官、保護観察官、保護司などが関与する。非行少年は非行という行為によって、これらの社会資源に出会い、支援がなされていく。その意味では、少年たちの「非行」という行動化は逸脱行動、他害行為という意味にとどまらず、少年たちの、司法福祉的な関与と支援の手を求める行為であったとも理解できる。

社会は時として非行少年たちを排除し、壁の向こうに追いやり、存在自体がないように見なす。だが、社会から見えなくなったかのような「透明な」存在の少年もいつかは社会に帰ってくる。和仁のように、少年たちは虐待的な養育環境に育つことが多く、背後に発達上の課題を抱えていることも少なくない。少年たちを受けとめ、居場所を作る。それは大人の責務である。

こらむ

依存的自立

これからの和仁や俊二にとって必要なことは一人で人生を歩んでいくことでなく、人生で直面する困難さをうまく処理するためにどこに援助を求めればよいか、誰に聞けば良いかを知っていて、そのことができること（「依存的自立」）であるでしょう。

和仁や俊二が逸脱行動から完全に離れることはなかなか困難ですが、人生のそれぞれの局面で困難にさしかかったときには、筆者らを社会的な資源としてその支援を仰ぎ、困難を打開することができればいいのです。

そして、このようにして和仁や俊二の人生に寄り添いながら、彼らが社会で自立していくための援助を継続していくこともきわめて重要な課題であり、大きな社会的意義があると考えています。

社会的自立

身近な存在を人生規範に

「もう一度お願いします！」

大きな体を折り曲げ、不器用に俊二が頭を下げた。四回目の入所である。俊二に限らず、健一は三回、隆治は四回と、入退所を繰り返した少年は少なくない。

わが家に来る子どもは思春期で入所するから、数年で社会的自立が大きな課題となってくる。進学させ、教育や職業訓練を受けるように推奨しているが、こうしたコースに乗れない子や乗らない子がいる。しかも、自尊感情が低く、職場でのわずかな注意や叱責《しっせき》で挫折する少年も少なくない。帰る家がない少年たちである。それだけに、挫折したら帰るべき居場所の保障は欠かせない。

「帰ってきなさい」

俊二に私はそう答えた。

「ついでに友人家族三人もお願いします」

さすがに私も驚いた。外に健太が乳児を抱いた佳子と立っていた。聞けば、失職して行き場がないという。わが家は傷ついた子どものために一人分のイスをいつも空けているが、一度に四人となると大変である。子どもたちを移動させ、二部屋を空けた。

ところが、健太が育児に協力してくれないと書き置きして、佳子が子どもの香林を置いてプチ家出をした。ミルクを与え、おしめを替え、風呂に入れる。妻と二人、三〇年ぶりの「子育て」が始まった。声をかけ、応答を繰り返すうちに表情の乏しかった香林にも笑顔がみえるようになった。

泣いて後追いするので、左手で抱きかかえ、片手でキーボードを打ちながら執筆せざるを得ない。締め切りの迫っているときに限って、香林はおしめをぬらす。「あなたのポニョポニョした体の上で気持ちよくなるのよ」と、妻が冷やかした。

健太らは婚姻届も子どもの認知もまだだという。挨拶など基本的生活習慣もできていない。香林が泣けば、佳子はただ大声でしかるばかりである。健太も佳子も小学生のころに母親が家出して、人生の規範となるべき自己形成モデルが身近にいなかった。私たちの姿をモデリングさせ、学ばせる必要を感じた。

「赤ちゃんは母親の目元と口元を見ているんだよ。視線を合わせて声をかけてごらん」

「ぐずるときは心音に合わせてリズミカルに軽く背中をたたきながらあやしてごらん、こんな風にね」

「泣くのは親の助けを待っているんだ。不快な感情を解消してやることで基本的な信頼感を育《はぐく》んでいくことができるんだよ」

佳子が戻っても、その育児負担を減らすために、週五日は香林の入浴を受けもった。妻との入浴には泣く香林が、私とは不思議とご機嫌なので、妻は「不細工なのにかわいい香林はあなたにそっくりよ」と憎まれ口をたたきながら、ピンク色に染まった香林をバスタオルのなかに受け取った。

楽しい毎日も終わりが来た。健太が就職し自立したからだ。こうした少年の社会的自立の課題こそ、実は社会全体で解決を迫られている大きな課題と言えよう。

こらむ

社会的自立を支援する「中間施設」機能の重要性

そして、あらためて一年四カ月の間、本ホームに在籍して保護観察を終了し、退所しました。しかし、一年後に本ホームに再々入所してくるという繰り返しがありました。

俊二や健太のような帰住先のない少年にとっては、社会的に自立していくための生活スキルや対人スキルなどを学ぶリハビリテーションの場としての「中間施設」は必要不可欠であると考えています。ちなみに、俊二は退所後も一年間に二度の問題を起こしましたが、毎日問題行動を引き起こしていた以前と比較すると明らかに回数は減少しており、しかも俊二はそれらの問題を筆者の支援を通じて無事に解決していきます。再々入所もその一環として捉えて良いと考えています。

十代の俊二は最終的には少年院に措置されたわけですが、両親や更生保護施設からことごとく出院後の受け入れを拒否されました。しかし、筆者らとは継続的に通信と面会を重ね、本ホームが再入所を受け入れたことによって、俊二は反社会的フィールドから帰る場所と人を見出したといえるのではないでしょうか。

俊二の更生には、このような内面の無力感と見捨てられ感を乗り越えていくプロセスが不可欠であり、本ホームが俊二にとって、繰り返し帰住が許され、再チャレンジが可能である「中間施設」としての役割を果たしたと考えています。

自立援助

困難な「離陸」気長に支え

社会的福祉の谷間にある青少年に居場所を与え、その社会的自立を支援する自立援助ホームは、現在全国に五五カ所、九州沖縄にも五カ所開設されている（全国自立援助ホーム連絡協議会調べ）。厚生労働省もその意義を認め、二〇〇九（平成二一）年四月一日施行の改正児童福祉法では入所年齢を二年延長し、二〇歳までの入所を可能にした。

土井ホームも思春期の青少年を受け入れているだけに、その社会的自立は大きな課題である。しかも、さまざまな困難を抱えているため、一回で離陸することは極めて難しく、時には二〇歳を超えてもなお、丁寧で気長い対応が求められる。

四回目の再入所を希望してきた俊二に連れられ、親子三人で入所を希望してきた健太だが、出たり入ったりを繰り返し、まるで駅の改札口のように忙しい。帰ってくるたびにお土産をもってくる。

「無免許運転で捕まりました」

「おまえ、前回も。何回目だ？」

「三回目です」

警察が違反者に切る告知票を見ると、無免許運転、飲酒、一方通行違反とにぎやかである。説諭している間は殊勝にしているが、部屋に戻るとすぐに子どもたちとゲームに興じて高笑い。反省している様子がうかがえない。

やがて、検察庁から納付告知書が届いた。総計で約五〇万円。さすがに青ざめている。働く様子を見せない健太を見限って、プチ家出を繰り返していた妻の佳子も子どもを連れて実家に戻ってしまった。罰金の納付を、健太には就労のよい機会と私は考えた。

頭を下げて土木会社の社長に雇用をお願いした。社員寮に入り働きだしたので、夫婦でホッと安堵した。だが、それもつかの間、朝起きてこないばかりか、家出少女を寮に入れたトラブルからパトカーが出動する騒ぎになり、社長夫人に連れられて戻ってきた。

対応に疲れ果てたという表情で三カ月間の健太の行状を語る夫人に、再度の雇用をお願いした。検察庁から督促がきていたからだ。健太にも「働かねば罰金納付の意思がないと受け取られるぞ」と丁寧に説明し、送り出した。だが、周囲の努力にもかかわらず、一カ月で健太はまた辞めた。

検察庁から、労役するよう出頭命令があった。健太が背後に抱えているだろう困難を感じたのか、検察事務官は私に同行を求めた。私は健太に言った。

「労役が終わったら拘置所の出口で待っている。つとめてこい」

健太はうなずいた。

私はときどき面会に行く。

「金融機関の封筒張りをしています」

屈託のない笑顔で語る健太の顔を見ながら、その自立にはかなりの期間を要するであろうと思いつつ、私は言った。

「家族だろう。待っているぞ」

健太はニコッと、またほほ笑んだ。

こらむ

社会はどこまで青少年を支援すべきか

イギリスでは一八歳時点で社会的養護から離れて自立するかを決定する権利を、子ども自身に保障しています。そして、アメリカでは二一歳、イギリスでは二四歳、ドイツでは二六歳まで国家が支援をすることを可能としています。

これに対して、わが国の社会的養護の体系では高校進学をしない場合には一五歳で自立を子どもは迫られます。しかし、この年齢では自立を果たすことは困難であるとの認識から、わが国でも順次改善が進み、自立援助ホームでは二〇歳まで在籍が可能となりました。

しかし、私は児童福祉施設を訪問見学、意見交換しているのですが、ここ最近訪問した児童自立支援施設や児童相談所の一時保護所、情緒障害児短期治療施設などにも、措置年齢を超えても社会的受け皿がないため、なお施設が支援を継続しているケースを目の当たりにしました。

それと同時に、これらの施設の場合、公営であったり、母体の法人が経営的に安定しているため、子どもの処遇の上で恵まれた環境ですが、ファミリーホームや里親家庭、あるいは小規模の自立援助ホームでは、社会的自立が困難なためにそうした青少年を内部で抱えているケースが少なくなくて、それだけに経済的に苦しいケースもあり、社会全体でこのような困難をかかえる青少年の支援をどうするのか、抜本的に考える時期にきていると思われます。

自尊感情

存在尊重が立ち直りの鍵

「ぼくは世界で一番不幸だと思っていた。でも、ここにはもっと不幸な子どもがいる」

智雄の言葉に私は答えた。

「智雄も負けず劣らず大変な人生だったなぁ」

視線を落とした智雄が、じっと湯飲みを見つめている。

私はその姿を見ながら、北九州市立大で開かれた犯罪社会学会の発表者席で横に座った少年サポートセンターの安永智美係長の発言を思い返していた。

「非行少年は不幸少年である」

智雄は中学二年で家族が家に誰もいなくなった。冷蔵庫になにもなくなり、弁当ももっていけないので学校に行くのをやめ、友だちの家にもぐり込んだ。そこにも居られなくなるとファミリーレストランで寝泊まりした。同情した従業員が食事を与えてくれたが、いつもとはいかない。空腹を満たすために万引を繰り返した。レストランを警察官に囲まれたときは、窓から逃げ、隣町まで一時間走り続けて逃げ切った。

智雄の不幸物語を聞きながら思った。学校や地域や行政はなにをしていたのだろう。セーフティーネットの網目から落ちこぼれた智雄はさらに非行を重ねる。だが、そうした行為は社会に向けた悲痛なＳＯＳの信号のように思えた。

やがて、智雄は逮捕され、少年院に送致された。やっと寝食と安心を保障された。なにより向かい合う確かな大人がそこにはいた。

六カ月の教育期間を終え、智雄はわが家にやってきた。だが、少年院で身につけた規律も二カ月を過ぎると怪しくなる。年少児を殴り、万引を強要する行為を私は厳しくしかった。

智雄は涙を流しながら言った。

「僕の存在なんてなくなればいいんだ」

私は言った。

「行為を否定しているんだ。存在じゃないぞ」

智雄の自尊感情の低さをもたらした不幸物語に、私も心のなかで涙した。

そんな智雄に転機が訪れた。同級生の母親が訪ねてきて励まし、行方不明の姉を探してきた。姉の電話を落ち着かず待つ表情には喜色がうかがえた。さらに、私が「お父さんを療養所に見舞おう」と言うと、智雄は力強くうなずいた。

少年院の教官にあてた智雄の手紙にはこうあった。

「土井ホームにはぼくよりもっともっと不幸な少年がいます。最近うれしい出来事がありました。姉との再会です」

少年の立ち直りには絆を取り戻し、自尊感情を高める働きかけが欠かせない。

武内謙治・九州大准教授は「立ち直り」に関する犯罪社会学の最新の実証研究に基づき、犯罪少年など対象者には「尊厳（自己肯定感）を高める」ことを基本にした処遇の枠組みへと変化が生じつつあり、こうした流れは、土井ホームの試みとかなり重なる部分があるのではないかと指摘している。

智雄が今朝も言った。

「茶柱が今日も立っていますよ」

反響

一冊の本から広がる希望

「ぼくって、神様の贈り物でしょっ！」

隆太が叫んだ。

隆太は棒を振り回して電灯を壊し、火災報知機を鳴らした。私が「おしかりモード」に入ったことを敏感に察知したのだろう。その機転に思わず笑った。

「隆太は神様からの大切な贈り物だもんな」

私は握った拳《こぶし》を緩めて、隆太の頭をなでた。

「でも、悪さは悪さ。そこで正座をしておきなさい」

隆太はシュンとなって正座した。

義男は、今年も律義にお歳暮を渡してきた。私たち夫婦の誕生日、父の日、母の日には食事に誘う。児童相談所の措置が切れる二〇歳の誕生日を前に、そんな義男がおずおずと尋ねてきた。

「これからもいていいでしょうか」

「義男、おまえの家だよ。当然じゃないか」

私はそう答えた。義男の顔が輝いた。近ごろでは、「私がいないと困るでしょ」と、ちょっと生意気になった。

週末にやってくる貢一が、父の日に贈り物をくれた。奮発したと貢一は鼻を膨らませた。大きな箱を開けると、枕が入っていた。目を潤ませてカードを開いた。

「安らかにお休みください」

私は言った。

「おれはまだ生きているぞ」

子どもたちとの楽しくも波乱にみちた里親の日々。「日常を綴っては」と勧められ、連載を開始したのが二〇〇七（平成一九）年四月。二〇〇九（平成二一）年五月で五〇回を超えた。評判を呼んで、東京の複数の出版社から打診があり、福村出版から二〇〇八（平成二〇）年五月末に発刊（『神様からの贈り物・里親土井ホームの子どもたち』）した。だが、子どもたちがわが家にたどりつき、居場所と希望を見出すまでの半生は、あまりにも悲惨ですべてを書けなかった。共感性の高い読者なら読み取ってくれるに違いないと、私の胸の痛みとともに行間にそっと忍ばせた。

刊行から半年経った。研究者たちから「本書は子どもたちの悲惨と困難とを述べた書であると同時に、希望の書でもある」「生活と専門性と研究的視点が具備された、貴重な実践記録」などと評され、二〇人近い大学教員が学生や別の研究者に推薦してくれた。また、近畿地区里親連絡協議会の御所伸之会長や愛知県の社会福祉士矢満田篤二さん、北九州市若松区の民生委員井手口郁子さんは勉強会のテキストとして多数購入してくれた。

愛知県のある里親は、明け方読み終わると同時に、飛行機でわが家に駆けつけてきた。「土井家の空気を吸いたい」と訪ねてきたのは、長崎県児童相談所の職員三人だった。学校、福岡県、警察庁などから講演に招かれ、「もっと多くの人に聞かせたい」と四会場で再度の講演に呼ばれた。多くの電話や手紙とともに、米や野菜、果物が届き、子どもたちの胃と心を満たし、私の胸を熱くさせた。

晩秋、一人の若い女性が玄関に立った。聞けば、「友人に借りて読み、胸を打たれた。末期がんの伯母の枕元で読み聞かせたい」と思い、本を求めに来たのだという。この「子どもの希望と回復の物語」が、命の灯が消えかかった患者の心に届き癒しただろうか。私は木枯らしの吹く窓辺に立って思いをはせている。

こらむ

記事や本がつなぐ絆

新聞記事や本を読んだ読者からさまざまな感想が寄せられます。子どもの辛酸《しんさん》に涙を流し、確かな成長に微笑《ほほえ》んだという便りに、励まされます。なかには、子ども時代に親から激しい虐待をうけた過去をつづり、いまもその心の傷が癒されないとして、最後に「私の子ども時代に土井ホームのような所があったらと思うと泣けてきます」とありました。

人は誰にでも過去があり、現在を生き、未来がひらかれています。しかし、虐待を受けた人は、過去であるべき時間が止まったままのような気がします。虐待防止への社会全体の取り組みと人と人との絆を強めることが求められているように思えてなりません。

第３フェーズの実践方針

一、社会的自立に向けての継続的な拠り所・居場所の保障

少年たちは概ね一八歳という年齢で社会的な自立をめざすことになるが、多くの少年がさまざまなハンディキャップを抱えており、また、これまでの生育史を反映して自尊感情も低く、ただちに社会的な自立を果たすことができない場合も少なくない。とりわけ、本ホーム入所児には支援してくれる家族がない場合がほとんどであるだけに、児童相談所等の措置解除後も継続的な支援は欠かせない。

したがって、本ホームでは少年の能力などを総合的に判断し、一八歳の段階でホームから出て社会的に自立することが困難であると判断される場合には、ホームを生活の拠点にして社会的な就労に就かせる、あるいは、ホーム内で自立に向けてのトレーニングを継続するなどのかたちで、社会的自立に必要な時間と選択の機会を保障する。そして、少年が希望する場合にはホームでの生活を継続することを認め、ホーム

が少年たちの成人後も文字通り家庭として機能するようにしていく。

　また、残念ながら、少年たちの一部には逸脱行動が止まらず、矯正教育機関に入所する者もいるが、こうした場合にも通信や面会を継続的に行って支援を続けると同時に、本人の意思や本ホームの少年たちの意向を確認しつつ、ホームへの帰住の機会を保障し、少年たちの社会復帰を継続的に支援していく。

二、多様な社会参加の体験を通じた自己形成モデルの取り込みの機会の保障

　社会的自立の問題を考える上では、就労と結婚がこうした少年たちの安定した社会生活を営む上での基礎となるだけに、就労継続の支援と異性との交流へのサポートは必要不可欠である。

　本ホームでは少年の社会的自立に向けて、ホーム外での積極的な研修参加やアルバイトの機会を保障し、このような社会参加の体験を通じてさまざまな社会的資源とのつながりのなかで、青少年が自らの人生への希望を育む自己形成モデルと出会えるよ

うに援助していく。

　また、結婚によって芽生えた絆と責任感は少年の就労継続への力にもなるが、それと同時に少年たちが育った養育環境における虐待的な関係の再演を生まないための支援が重要である。また、両性の平等の原則に基づいたパートナーシップの関係を少年たちがモデルとして取り込んでいける機会を保障していくことも必要不可欠な課題である。本ホームでは、筆者夫婦らがそのようなモデルとなるように努めていく。

三、発達障害の子どもに対する職業的自立支援

　発達障害は生涯を通じた支援が必要であり、さまざまな社会的資源や制度を活用し、少年を支える仕組み作りは欠かせない。したがって、療育手帳や精神障害者保健福祉手帳の取得、知的障害者更生施設への通所とトレーニング、障害者職業センターでの職能判定やジョブコーチ派遣、ハローワークでの障害者窓口利用など、さまざまな制度や社会資源を活用し、切れ目のない支援に取り組んでいく。

また、関係機関や就労先に対しては少年たちの発達特性や感覚過敏などの情報を伝え、適切な理解と支援が得られるように働きかけていく。たとえば、職業選択や職種選択の判断材料として、日頃の行動観察を通じて得られた情報（たとえば、少年の常同性やこだわりが、逆にルーティンの仕事を飽きることなく継続する力にもなる）を伝え、その就労に向けての支援を要請していく。

また、たとえ就職できたとしても、さまざまな困難に遭遇して挫折することも少なくないだけに、こうした少年たちにはホームへの帰所の途を開いておくことで、再チャレンジする機会を保障できるように努める。

解説に代えて

九州大学大学院法学研究院准教授　**武内謙治**

この本では、日常の具体的なエピソードを交えながら「土井ホーム」における取り組みが紹介されています。それは、さながら、子どもに関する人間行動科学の知見を総動員した実践と、その実践をさらに経験的な知、臨床の知へと引き上げようとする格闘の跡のようです。「野戦病院」にもたとえられているこの格闘の記録を、少年非行の問題を法律畑から眺めているにすぎない私が解説することは、もとより不可能です。しかし、本書には、この小さなのぞき穴からみた風景に限定してもなお重要な議論が含まれているように思えます。

土井ホームの子どもたちが抱える問題は、家庭内暴力（ＤＶ）、虐待、発達障害、非行など、実にさまざまです。そしてまた、目の前の子どもに手をさしのべるために駆使されている人間行動科学上の知見も、それに呼応するように、多様です。しかし、こうした多様性にもかかわらず、土井ホームにおける取り組みは、一つの視座に収斂しているようです。それは、本書で繰り返し登場している、子どもの「安全」、「居場所」の保障や「見捨てなさ」というものです。土井ホームにおける取り組みは、ここから出発すると同時に、それを目的として進んでいるように見えます。

犯罪学という学問分野では、最近、非行や犯罪が人生（ライフ・コース）のなかでどのようなものとして現れ、また消えていくのかを探る研究（縦断的研究）が行われています。そこでは、反社会的行動が児童期から成人後まで継続するタイプの人々がいるのではないか、といわれています。幼児期の家族関係やその時期にすでに見られる本人の性格・行動特性により逸脱行動が持続したり、非行を重ねる子どもを人々が白眼視することで、その子どもの人生の好機（ライフ・チャンス）に悪影響が生じ、社会的な結びつきが弱まってしまうために、成人後も反社会的行動が継続されてしまうというメカニズムがあるのではないか、と考えられているわけです。しかし同時に、こうした継続性は絶対的なものではないともいわれています。成人期においても、重要なできごとやそれによる社会的な絆《きずな》の形成、とりわけ職業への愛着と結婚による結びつきがある場合には、犯罪や非行から離脱しやすいということがわかってきています。いわゆる「立ち直り」に関する研究でも、援助者との出会いや、本人が自尊心をもち、新しい社会的役割を獲得できることが重要な要因になっていることが指摘されています。

本書でも、子どもたちが自尊心を回復し、自立していくために就労支援が重要であることが指摘されています。そのこと自体が、大変興味深い事柄です。しかし、それにも増して注意を引くのは、再入所・再チャレンジの道があり、決して「見捨てることなく」、継続して「居場所」や「安全」が提供されるという土井ホームの基本姿勢です。先に紹介した知見が正しいものであるとすれば、（新たな）非行や犯罪を防ぐには、不適切な養育から子どもを保護することや、幼少期に育ちをサポートすること、逸脱行動のみにとらわれることなくその子どもが抱えている問題に適切に手当を行うこと、さらには過去に逸脱行動があったとしてもなお社会的な絆をつなぎとめておくための資源が社会のなかに必要であるということになりそうです。土井ホームは、このうちの多くの要素をもちあわせているように思えます。

こうして見捨てることなく、継続して居場所・拠り所・安全が子どもたちに保障され、大人たちが自己形成モデルを示しながら、ライフ・イベントでのお祝いを欠かさない「普通の暮らし」が提供されることの意味は、「家庭で暮らす権利」の保障として子どもの側からとらえ直されるとき、一層深いものになります。それは、万人に平等に保障されているはずの「自由」ですから、本当は個人が置かれた状況や環境を基盤としている面があると考えられるからです。人が成長を遂げるにふさわしい環境を幼少期から奪われているがゆえに、人生のなかにおける選択肢が狭められ、ライフ・チャンスを逸していることがあるとすればどうでしょうか。今現在自分の意思で決定しているように見える事柄が、実は、過去の生活の積み重ねの上でしかなされえないものであるとすればどうでしょうか。本書でいわれる、「普通の生活」は子どもたちにとっての「特効薬」であり「魔法の杖」であるということの意味は、今目の前にある問題を緩和・解決するために有用であるという意味においてだけでなく、将来のチャンスや自由の扉を開くために不可欠であるという意味においてもとらえられる必要がありそうです。人は、将来の自由を獲得し、生をつなぎとめるためにも、子ども期において成長にふさわしい環境と人間関係を保障される必要があります。本書で、子どもの権利条約で謳われている成長発達権の保障の重要性が指摘されていることは、決して偶然であるとは思えません。

非行問題に引きつけてみても、非行があるにもかかわらず、いな、それがあるからこそ、「普通の生活」の保障が行われることが重要であるように思えます。非行問題は「自己責任」の問題であるとか、非行予防のためには「規範意識の覚せい」が必要である、といわれることがあります。非行に及ぶのは、規範（ルール）を守ろうという意識が弛んでいるからであり、それを厳しい処分で呼び覚まさなければならない、というわけです。本書では、「規範意識」が獲得されていくためには、ホーム内の「普通の暮らし」のなかで、「確かな大人」が規範を示し、子どもとの間でモデリングが行われることが必要であることが指摘されています。問題の図式は、先の主張ほど単純ではなさそうです。「罪の意識」や「反省」は、「普通の暮らし」や人との関係性という基盤や前提を抜きにして語れないことを本書は教えてくれているように思います。

子どもの「責任」という点では、本書は、修復的司法（リストラティブ・ジャスティス）に関しても貴重な視角を提供しています。本書でも紹介のある修復的司法は、今、法学の世界でも注目されている新しいモデルです。それは、少年の「説明責任」や「応答責任」を土台にしているといわれることがあります。これまでの刑事司法制度が、国と犯罪行為者の間で「責任」を考えていたのに対し、修復的司法では「なぜ犯罪や非行を行ったのか」「なぜ自分が被害に遭ったのか」という被害者やコミュニティからの問いかけに対し行為者が「応える」責任が問題になる、というわけです。犯罪や非行を行った者が被害者と和解でき、コミュニティに受け入れられるのであれば、彼らが社会から受ける冷遇もきっと軽減されます。また、被害者やコミュニティも犯罪や非行の背景にある事情を知ることができます。

しかし、この修復的司法や「応答」にも、不可欠の前提があるように思えます。それは、その子どもに対する「応答」のあり方です。本書では、非行などで周りに迷惑をかける「困った子ども」は、実は「困っている子ども」であることが指摘されています。その「困っている子ども」に、これまで親や家庭、社会、国は、どのように応答してきたのでしょうか。その子どもの助けを求める声に親や家庭のみならず、社会や国家は応答せずに、それを黙殺すらしてきた、ということはなかったでしょうか。本書は、このことを読者に問わせずにはおきません。というのも、修復的司法の考えの重要性が説かれる本書で一貫して描かれているのは、実は、土井ホームからの子どもたちへの絶えざる応答だともいえるからです。本書はさまざまな形をとった「応答」の記録であるとすらいえるかもしれません。修復的司法が「応答責任」を前提とし、私たちの社会がこの修復的司法を望ましいものと考えるのであれば、社会はもっと、助けを求める者たちの声に敏感になるべきであり、その声に「応答」しなければならないということになるでしょう。

最後に、土井ホームの「開放系の運営」について触れます。土井ホームが多くの関係機関と連携した「開放系の運営」となっているのは、家庭生活を基盤とし、強制力をもたないがゆえに、自己完結型の「閉鎖系の運営」が難しいからである、と本書では述べられています。現実面からの不可避性からでたこの運営形態は、しかし、見方を変えれば土井ホームの強みでもあるように思われます。というのも、この「開放系の運営」においては、少年院などの公的な施設も、土井ホームにとっての社会資源の一つととらえられているからです。これまで、公的機関にとって民間の施設やホームが社会資源として位置づけられるということはありました。しかし、ここでいわれているのはその逆です。そして、この発想の転換は、実は、現実面からの不可避性のみならず、パートナーシップに基づく施設運営という基本思想、そして「継続的な拠り所」の保障という一つの哲学からもたらされているものであるといえます。

パートナーシップに基づく施設運営という基本思想は、施設の外においては他の機関や専門家との連携という形で、そして施設のなかにおいては、子どもの視点に立った施設運営という形で、つながっています。言葉を換えれば、他機関との連携を正面に据えた「開放系」の運営が可能になるのは、子どものニーズとビューに基づく運営という視点を内在しているからこそであるということになります。

「開放系の運営」が「継続的な拠り所」の保障という考えに(も)支えられていることの意味は、実際上も小さくありません。というのも、矯正施設内における処遇だけで非行の問題は解決しないからです。矯正施設に入れること自体が社会とのつながりを切ってしまう側面をもっていたり、矯正施設のなかで少年が努力し、せっかく自己変革を遂げたとしても、社会環境の方が改善されていなかったり、子どもに冷たい視線が浴びせられたりすることが少なくないことを考えれば、むしろ施設内処遇は再犯リスクを高める要素をもつともいえます。少し違う角度からいえば、いかにすばらしい処遇プログラムが矯正施設のなかで行われたとしても、それが本当に効果を上げるには、周囲のまなざしも含めて、その子どもが施設を出た後に身を置く環境の方が、「立ち直って」いなければなりません。施設のなかの処遇は、本来的に、自己完結的なものではありえず、施設の外のことを考えなければならないということになります。しかし、私たちの社会の現実として、その受け皿になれるような制度はほとんどありません。少年院などを土井ホームにとっての社会資源の一つとしてとらえるということは、見ようによっては大変に大胆な発想です。しかし、それを支えている「継続的な拠り所」の保障という考えは、実は、公的機関が行う措置が本当の意味で実効性をもつために不可欠であるということすらできるでしょう。

本書は、私たちと同じ時代に生きる子どもたちがいかに危機的な状況に立たされているか、私たちの社会がいかに子どもたちを苦境に立たせ、困窮を強いているか、自問させます。根源的には「野戦病院」はないのが理想でしょう。しかし、議論は反転しますが、「野戦病院」の現状を直視し、そこにおいてこそ見える本質的な事柄を共有するということなしに「戦争」をなくすことは難しいでしょう。児童相談所における児童虐待相談対応件数が四万件を超え、七人に一人の子どもが貧困の窮状にあるともいわれる現状を前にして、土井ホームからの発信は、子どもたちをこれ以上傷つかせないための、そして将来すべての子どもを苦しみから解放するための提案と受け止めることもできます。

すでに土井ホームからは、ボールが投げられています。多くの方が本書を読まれ、それぞれの立場から土井ホームからの声、子どもたちからの声に耳を傾け、「応答」してもらえることを希望してやみません。

第2部　子どもの人権とその支援を考える

①わが国の子どもと家庭の現状と子ども政策

◆わが国の子どもの置かれた状況と国の施策

子どもの健やかな発達は、すべての国民の願いです。子どもが健全に育つことはわが国の将来を決定づけるものであるからこそ、子どもへの投資は未来への投資となるのです。

関係者の努力にもかかわらず、昨今のわが国の子どもをめぐる環境は決して望ましいものとはいえません。二〇〇八（平成二〇）年度の全国の児童相談所で対応した児童虐待の件数は、前年度比二〇二三件増の四万二六六二件で、過去最悪となっており、市町村における児童虐待に関する相談受付件数も五万件超となっており、それと同時にＤＶ被害も二万件を超えるなど、家族の関係性の問題は一層深刻さを増しています（二〇〇九年七月厚生労働省発表）。

虐待を受けた子どもたちの数は子ども人口の二％になるという専門家の試算もあります。このような子どもが十分なケアをされないまま社会人となり、家庭をもつときに虐待行為が繰り返され、ＤＶや親子虐待の再演が起こる可能性が高まると言われています。

こうした虐待を受けた子どもは保護され、里親や児童養護施設に措置されていますが、その数は全国で四万人を超え、この数は増加し、近い将来一二万人、あるいは一五万人にも増加するだろうと指摘する研究者もいます。

二〇〇七（平成一九）年一一月の厚生労働省社会保障審議会児童部会社会的養護専門委員会報告では、

①家庭的養護の拡充（里親制度拡充、小規模グループ形態の住居）

②ケア単位の小規模化（必要な養育モデル、方法論の検討）

③施設機能の見直し（人員配置・措置費算定のあり方、施設機能の見直し）

等が提言されました。

この提言が反映された、同年一二月の政府「子どもと家族を応援する日本」重点戦略等では、次世代育成支援のための新たな制度体系の構築、必要な財源の確保等がうたわれています。

さらに、社会保障国民会議最終報告（二〇〇八年一一月四日）には、「社会的養護など特別な支援を必要とする子どもたちに対するサービスのコスト」と「子どもの育ちを社会全体が支える」という観点で、子ども家庭福祉、社会的養護の抜本的な改善としての人的・環境的な最低基準の向上と養育の質的向上をはかるとされ、このことは国をあげて緊急に取り組むべき政策課題となっています。

◆進行する少子化高齢化の現状

さて、こうした子ども虐待の背景の一因には、子育てを苦痛に感じる、あるいは喜びとは思えない母親が増えているとされます。しかも、社会的支援を必要とする人ほど孤立している現状があります。今日、日本の四九〇〇万世帯のうち、独居世帯が一四五〇万世帯、夫婦のみの世帯が一〇〇〇万世帯で、合計すると総世帯数の半数に上ります。これに、ひとり親と子どもの四〇〇万世帯を加えると、六割近くを占めています。かつて家族の典型とされた、両親と子どもが一緒に暮らす家庭は半数にも満たないという家庭のありようが大きく変化しているのです。それと同時に、地縁的な絆が薄れ、ソーシャルキャピタル（社会関係資本＝社会全体の人間関係の豊かさ）が失われていることも見逃せません。

内閣府が一九九七（平成九）年にまとめた「国民生活選好度調査」によれば、「育児に自信がなくなる」と答えた共働き世帯は「よくある」「時々ある」をあわせると四六・七％、同様に専業主婦では七〇・〇％という数字を示し、子育てに対する高い負担感が子育て中の母親にあることが明らかになっています。

こうした社会全体に広がる母親の育児不安や社会的孤立が、さらに少子化に拍車をかけ、二〇〇七年（平成一九）時点での確定出生率は一・三四となっています。人口を維持するのに必要な、女性一人が一生涯で生む赤ちゃんの数「人口置換水準」は二・〇七ですから、このままでは日本の人口減少は歯止めがかからないと思われます。ＯＥＣＤ（経済協力開発機構）加盟国で見てみると、一九八〇年代半ばにアメリカとデンマークが、九〇年代半ばにフランスが反転し、二〇〇〇年初め以降、オーストラリア、ドイツ、イタリアなどが次々と緩やかな回復基調に入ったのに対して、韓国とならんで日本は急速で継続的に低下しています。

国立社会保障・人口問題研究所によれば、日本の人口は二〇五五年には八九九三万人と約七〇％、二一〇五年には四四五九万人と約三五％まで減少します。年間の出生数の推移をみると、第一次ベビーブーム期（一九四七〈昭和二二〉～四九〈昭和二四〉年）には約二七〇万人であり、一九五二（昭和二七）年までは二〇〇万人台が続いていたが、一九八四（昭和五九）年には一四九万人と、一五〇万人を割り込み、その後も減少して、二〇〇三（平成一五）年には一一二万人の出生と、過去最低の数値となり、二〇五〇年には約半数の六七万人という予測が出されています。

こうした結果、労働人口の減少、とりわけ若い労働力の縮小と消費市場の縮小による経済への影響が懸念されます。また高齢化が進むことで年金、医療、介護などの社会保障費が増加して、国民の負担が増大することも懸念されています。

二〇〇〇（平成一二）年段階で約六〇％であった日本の従属人口比率（二〇歳未満の若年層と六五歳以上の高齢者層とこれを支える二〇歳から六四歳までの年齢層の比率）は、二〇五〇年には一〇〇％を超えるとされます。つまり、若年層と高齢者層という従属人口がこれらの人々を支える人々を上回ると推計されています。

このような少子高齢化の傾向をふまえると、活力ある社会づくりのためには、子どもや若者が増え、母親が安心して子育てに取り組める環境をつくることは最重点課題と言えるでしょう。

◆わが国に広がる貧困と孤立

わが国の教育への公的支出はギリシャをのぞき、ＯＥＣＤ（経済協力開発機構）諸国で最低水準であることが指摘されています（二〇〇八年五月二八日付け朝日新聞）。また、二〇〇九（平成二一）年一一月厚生労働省の発表によれば、子どもがいる現役世帯（世帯主が一八歳以上六五歳未満）の最新の相対的貧困率※は、二〇〇七（平成一九）年の調査で一二・二％です。二人親世帯の貧困率は一〇・二％であるのに対して、一人親世帯の子どもの貧困率が五四・三％に達するという驚くべき数字です。子ども全体の貧困率だと日本は一四・三％で二五カ国中一〇位、ＯＥＣＤ平均は一二・二％ですから、一人親世帯の数字が際立ちます。ＯＥＣＤ平均でも一人親世帯の子どもの貧困率は全世帯の子どもの倍近くになっていますが、日本の場合は四倍にも達するものになっています。これは男女間の賃金格差に大きく影響を受けているものであることは明らかです。

※相対的貧困率とは、生活の苦しさよりも国内の経済格差の大きさをみる指標。全国民の所得の中央値を算出し、その半分（貧困線）より下の所得の人の割合をみたもの。

ちなみに、三年ごとの貧困率の推移をみると、全体では一九九八（平成一〇）年に一四・三％でしたが、二〇〇一（平成一三）年には一五・三％に上昇し、二〇〇四（平成一六）年には一四・九％まで低下したものの、二〇〇七（平成一九）年は再び上昇しました。子供の貧困率は一九九八年の一三・四％から二〇〇一年に一四・五％に伸び、二〇〇四年は一三・七％に落ちましたが、再び高まっています。

二〇〇八（平成二〇）年七月に児童相談所長会が発表した子ども虐待調査によれば、「困窮家庭」に虐待事例が多発していることが浮き彫りになっています。具体的に、虐待の要因となっている家庭の状況を見ると、第一位に「経済的困難」（三三・六％）、以下「虐待者の心身の状態」（三一・一％）、「ひとり親家庭」（二六・五％）、「夫婦間の不和」（一八・三％）、「ＤＶ」（一七・一％）、「不安定な就労」（一六・二％）、「親族や近隣から孤立」（一三・五％）と続いています。

加害者側の就労状況をみると、全体では正規就労が三〇・二％、無職が二〇・四％、非正規雇用が一九・二％となっていますが、ネグレクトに限れば無職が三〇・九％、非正規雇用二六・四％、正規就労が一九・三％となっており、無職と非正規雇用の合計は六割近くに達し、全体に比べて一・五倍でした。

こうして見ると、「経済的な困窮」に加えて、社会とのつながりを断たれ、社会的な支援が受けられず、家庭内の葛藤が絶えない「関係性の困窮」が、今日の子ども虐待の誘因になっていると読み取ることができます。

つまり、子ども虐待、夫婦間ＤＶという家族病理は、貧困や孤立、社会的排除という社会的病理と地下水脈でつながっていると言えましょう。したがって、子ども虐待への取り組みは、子どもへの支援と同時に、親への支援、家族全体へ支援の手を差し伸べる取り組みが求められています。

子ども虐待への取り組みのプロセスは、まず虐待的環境にある子どもを、そうした環境から「絶つ」ことに始まります。そのうえで、傷ついた子どもには治療的・教育的支援を通じて心身の回復を促すとともに、その最終局面では、家族の再統合をなし、家族を取り巻く社会環境に「つなぐ」取り組みが求められます。すなわち、社会的な孤立状態にある人々を、道徳的紐帯をもってしなやかに包み込んでいくのです。こうした社会的な包摂への真剣な取り組みを欠いた場合には、社会的分断は進み、私たちは大きな代償を払うことになるでしょう。

◆虐待防止・社会的養護に関わる施策方針

全国社会福祉協議会と児童福祉施設関係種別協議会では、以下のような視点から問題提起をしています。すなわち、児童人口の減少（少子化）の背景には、家庭や地域の養育機能の低下があり、一方、要保護児童数の増加の背景には子ども虐待の問題があるが、この二つの問題は包括的にとらえられなければならないと指摘しています。

こうした家庭や地域の養育機能の低下と、子ども虐待問題の関係は氷山にたとえられるもので、前者は水面下の部分であり、後者は水面上に浮んだ部分であると述べています。子ども虐待問題の顕在化は、潜在化している「家庭や地域の養育機能の低下」が押し上げていると考えられます。

現在、広く社会全般に、養育における関係性の不全、養育環境における基礎的な機能の欠落が起こっているため、子どもの成長にとってもっとも重要な精神的基盤とされる、家族間の関係性の不全が起こっています。このことが保護者から子どもへ向けられる危害、子どもから保護者への危害などにつながっていると考えられます。

「親が存在しながら、子どもが育たない状況」との指摘は、養育者の自己努力による改善を求めたものではなく、社会全体の問題として子どもの養育環境づくりが必要になっていることへの警鐘であると言えましょう。したがって、母親など養育者が安心して子どもを産める環境を整えるとともに、生まれた子どもを丁寧に育てていく努力が社会全体に求められていると指摘しています。

それでは、地方自治体はどのような取り組みを行っているのでしょうか。政令都市である北九州市をみてみましょう。同市では、一九九六（平成八）年度に厚生省の「児童虐待ケースマネージメントモデル事業」に指定され、児童虐待防止、啓発に取り組んできましたが、二〇〇二（平成一四）年度に区役所の「子ども・家庭相談コーナー」及び児童相談所機能と教育委員会の機能を統合した「子ども総合センター」を整備し、学校や市民センター等による子育て支援と併せて、いわゆる三層構造のなかで相互の連携・虐待防止を進めています。

さらには、要保護児童対策地域協議会の開催（年二回）、要保護児童対策実務者会議（各区）の開催、子ども相談事業（電子メールによる相談）や二四時間子ども相談ホットライン事業、家族のためのペアレントトレーニング事業を実施しています。こうした取り組みによって、虐待防止に実際にどのような効果が得られたのか、具体的に検証することが重要でしょう。

京都府立大学の津崎哲雄教授は、虐待防止や家族の再統合などを進めるには、ソーシャルワークの機能強化が必要と指摘しています。児童福祉司の配置状況を考えると、改正児童福祉法では里親支援機関の設置と活用に道を開きましたが、こうした支援機関の活用を通じたソーシャルワーク機能の充実が課題と考えられます。

◆社会保障費における子ども・家庭関係費に関わる予算編成方針とその内訳

さて、活力ある社会はのびやかで健やかな子どもたちがあふれる社会です。ところが、わが国では、子ども、すなわち未来への投資があまりにも少ないのが実状です。二〇〇六（平成一八）年度の社会保障給付費の総額は、八九兆一〇九八億円。この内訳を見てみると、日本がどれだけ児童福祉にお金をかけていないかがわかります。八九兆一〇九八億円のうち、高齢者関係では年金給付や老人医療費など六二兆二二九七億円で全体の六九・八％を占めているのに対して、児童・家庭関係は三兆五三九一億円であり全体のわずか四・〇％でした。また、国内総生産（ＧＤＰ）に占める家族関係支出の比率が日本は〇・八一％に過ぎず、スウェーデンの三・二一％、イギリスの三・一九％、フランスの三・〇％に大きく見劣りするのが実状です。戦中戦後の日本を支えてきた高齢者が安心して暮らせるように社会保障を充実していくことは当然のことですが、約二八〇〇万人の高齢者と二二〇〇万人の子どもとその養育者への社会保障費の格差があまりにも大きすぎると言えましょう。

このような現状を踏まえ、あらためてわが国の子ども施策を抜本的に見直す必要があるでしょう。

◆第二種社会福祉事業としての小規模住居型児童養育事業

二〇〇九（平成二一）年四月一日に施行された改正児童福祉法では、里親型のグループホームであるファミリーホームの意義を認め、小規模住居型児童養育事業の名称のもと、第二種社会福祉事業として制度化されました。

子どもは本来家庭で育つべきものです。不幸にして家庭を失った子どもには、社会は代わりの家庭を与えることが求められています。

特に、厚生労働省は、社会的養護の「小規模化、地域化、専門化」を推進しており、わが国も批准している子ども権利条約の第二〇条にあるような、こどもが家庭で育つ権利を保障することが求められています。こうした観点から厚生労働省が二〇〇四（平成一六）年一二月に策定した「子ども・子育て応援プラン」の数値目標として、五年後の二〇〇九（平成二一）年度までに里親委託率を一五・〇％に引き上げることを打ち出しました。しかし目標に達しなかったために、二〇一〇（平成二二）年一月に新たな数値目標を打ち出しました（次ページ表参照）。

それと同時に二〇〇九年四月施行の改正児童福祉法において、家庭的な雰囲気のもとで子ども同士の相互作用を生かしたファミリーホームの制度化を打ち出した経緯があります。

こうしたファミリーホームは、国の制度化以前には地方自治体独自の制度として一一の都道府県政令都市で実施されていましたが、とりわけ東京都や横浜市、また福岡市ではその意義を高く認め、開設費用や家賃補助、虐待加算などさまざまな支援がなされてきました。

家庭の安定は社会の安寧の基礎であり、子どもの健やかな発達保障は今後のわが国の未来を左右するものでしょう。少子化および虐待対策には女性が安心して産み育てられる環境を準備し、併せて生まれた子どもを丁寧に育てる努力が社会全体に求められていると考えます。

子ども・子育てビジョン　施策に関する数値目標

項　目		現　状（2008年度）	目　標（2014年度）
里親の拡充	里親等委託率	10.40%	16%
	専門里親登録者数	495世帯	800世帯
	養育里親登録者数（専門里親登録者数を除く）	5,805世帯（2009.10）	8,000世帯
小規模住居型児童養育事業（ファミリーホーム）		―	140カ所
児童養護施設		567カ所	610カ所
小規模グループケア		446カ所	800カ所
地域小規模児童養護施設		171カ所	300カ所
児童自立生活援助事業（自立援助ホーム）		54カ所	160カ所
ショートステイ事業		613カ所	870カ所
児童家庭支援センター		71カ所	120カ所
情緒障害児短期治療施設		32カ所	47カ所

※子ども・子育てビジョン　2010.1策定

②愛着研究と援助者の課題

◆愛着研究の歴史

母親に代表される養育者と子どもとの間における「愛着」に関して、ふたたび脚光が浴びています。その大きな理由の一つは、子ども虐待が注目されてきたことです。そして虐待臨床と並んで、発達障害臨床においても関係性の障害という観点から「愛着」は関心を集めています。

ここでは、「愛着」に関する研究の歴史を概観しながら、「愛着」の子どもの育ちにもたらす意味を考えてみたいと思います。

愛着研究で知られ、「内的ワーキングモデル」の理論を唱えたボウルビィーは、常習的な窃盗の行為によって施設収容された非行少年の観察を通じて、こうした少年たちが共通して抱える「情愛のない性格」に注目しました。そして、その特徴として「むやみに人なつっこく、しかし皮相的な人間関係しか形成できず、決して人を信頼することができない」と、指摘しました。こうした性格形成の背後に、ボウルビィーは生後六カ月以降の長期にわたる親との分離体験や親との死別などの喪失体験、当時の施設養育自体が存在することを見出しました。

当時の多くの研究でも、乳幼児期に持続的、個別的で一貫性のある母性的な関わりが剝奪（マターナル・デプリベーション）された子どもには、感情が欠如し、表面的な関係しか形成せず、人に対する信頼感をもてずに敵意を形成する傾向が強い、という研究結果が共通しており、これは初期のボウルビィーが注目した「情愛のない性格」と類似した特性でした。

それと同時に、乳児や年少幼児と違って、三、四歳以上になると、たとえ目の前に母親がいなくても、心のなかで母親の姿を思い浮かべ、再会をイメージすることができ、また分離の不安を言葉にして、その不安を低減する能力を有していることを、ボウルビィーは見出しました。このような子どもの能力を支えるものを「内的ワーキングモデル」とボウルビィーはよび、これによって子どもは「自分にとっての愛着の対象は誰で、その対象に助けを求めるときはどうすれば応答してくれるか、どのような応答が期待できるか」を予測することが可能であるとしました。

ところが、このように「愛着行動」は小さな子どもから養育者に向けられたものと当初は捉えられていましたが、最近では母親から子どもに向けられた情緒的結びつきにも関心が寄せられ、「母親愛着」といったことばも用いられるようになってきました。こうしたことから、混乱を避け、前者の「愛着」をアタッチメント、後者の「愛着と絆」をボンディングとよぶ吉田敬子さん（九州大学特任教授）のような専門家もいます。

さて、ボウルビィーの研究は、児童精神科医として関わった非行少年の分析を通じて、母親など養育者との分離・喪失体験がいかに子どもに深刻な打撃を与えるかを見出したことに始まったことはすでに述べました。そして、こうした観察を通じて、子どもの発達において「愛着」がいかに重要であるかを臨床的視点から解明することに、ボウルビィーの研究は主軸がありました。

これに対して、エインスワースの研究は、すべての乳幼児にとって母子間の「愛着」がいかに重要であるかを発達心理学的な視点から立証することに軸足がありました。

エインスワースは、このような探索—愛着の調和が子どもの発達過程をもっとももよく促進することや、母親に代表される養育者の感受性や情緒的応答性がいかに安定した愛着の形成に寄与するかを明らかにしました。その上で、子どもに対する「安全基地」としての母親の具体的な関与のあり方を明らかにしたことが、エインスワースの愛着研究の成果と言えましょう。

アタッチメント行動システムが顕著に活性化する一二～一八カ月の子どもを対象にした愛着パターンの評定を通じて、子どもの個人差が生後一年間の母子相互作用の質といかに関連しているのかを明らかにしたのが、エインスワースらの研究であったのです。

エインスワースは、先に述べたようにＳＳＰを通じて乳児の愛着行動を評定しました。これに対して、メインは母親自身の愛着の安定・不安定を評定する「成人愛着面接」（ＡＡＩ）法を開発しました。

メインらは、乳児の愛着パターンの三分類に適合しない乳児の存在を明らかにし、「無秩序・無方向型」（「Ｄ型」）と名付けました。これは、顔をそむけたまま母親に接近する、母親に強い分離抵抗を示すにもかかわらず再会時には回避する、見知らぬ他者の存在に不安を感じながらも母親からも離れるなど、方向が定まらず目的なく歩きまわるといった、方向なく混乱した不可解な一連の行動をとることを見出したことがきっかけです。

Ｄ型愛着には二つの極があります。その一つは虐待などによる不適切な養育が原因となっているものです。

Ｄ型愛着のもう一つの極は、養育者が愛着に関する外傷体験を未解決なままにしていることに由来します。メインらは、ＡＡＩを通じて、Ｄ型児の母親が、愛着対象の死や子ども時代における親からの拒否・虐待、その他の驚異的な外傷体験をいまだに解決できないでいる傾向が高いことを見出しました。

親自身が愛着に関する過去の外傷体験を統合できていない場合、目の前の乳児の痛みや不安、恐怖、近接・接触を求めるシグナルは、未解決の恐怖の感情を引き出し、また、子ども時代に安心・安全感を得ることに無力であった自分の記憶がよみがえるとも考えられます。

このような外傷体験が過去の事実として統合されないまま、意識下の領域で維持され続けていればいるほど、その感情が予期せぬ形で、子どもとの関係において再活性化され、子どもとの不適切な関わりを招き、脅かすことになるのです。

このような子どもにとっての脅威的な親の行動（ＦＲ行動）と親側の愛着関連の外傷体験の未解決、そして子どものＤ型愛着との間にはそれぞれ強い相関関係があることが複数の研究で確かめられています。

最近の研究では、特に「解離的行動」が親の「外傷の未解決」および乳児のD型愛着と強い関連があることが示唆されています。

◆愛着研究が援助者に示唆するもの

愛着研究は虐待臨床や自閉症臨床に大きな示唆を与えています。すでに多くの文献や研究がありますが、その多くは被虐待児や自閉症児にたいする理解と対応を述べたものです。ここでは、里親や児童福祉施設職員、心理士、矯正教育などの対人援助職・ケアワーカーにとっての意味を考えておきたいと思います。というのは、対人援助職のなかには、過去の自己の内面の問題を未解決のまま、その解決の手段として対人援助職という職種を選択する場合があることが指摘されているからです。

ラリー・K・ブロンドローは、こうした例として次のようなケースを紹介しています。アルコール依存症からの回復者が自分自身の飲酒をコントロールするために断酒活動に一生懸命になる場合があるのと同じように、ケアワーカーのなかには衝動的な子どもにコントロールを加えることによって、自分自身の内的な衝動をなんとか抑えている場合もあり、このような傾向は心理的には「反動形成」として説明できると述べています。その上で、情緒的な問題をもつ子どもとの仕事を選んでくる人たちのなかには、個人的な不適応問題を抱えているものがいる場合があり、こういった人たちの多くは子どもに援助するという活動を通じて、実は自分自身の問題を解決しようとしている場合があることを指摘しています。

ところで、虐待臨床では、しばしば、被虐待児による「虐待の再演」といった事象や「虐待的人間関係の再現傾向」があることが指摘されています。児童福祉施設では、措置された子どもの六〇〜八〇％が被虐待児であり、施設によっては崩壊状態であると報じられています。こうした子どもと日ごろ接している人ほど、ふりかえってドキドキすることがあるのではないでしょうか。

二〇〇九（平成二一）年に施行された改正児童福祉法では、頻発する施設内虐待に関して、目撃した職員の通報を義務付けました。このような家庭内で虐待を受けて傷ついた子どもが措置された児童福祉施設で再び傷つく事態（「二重犠牲者化」）があってはならないのは言うまでもないことでしょう。ちなみに、京都府立大学の津崎哲雄教授は、欧米では子どもに二重犠牲者化をもたらしたケアワーカーは犯罪行為として厳しく処罰されると指摘しています。

さて、メインの研究におけるD型愛着を再度見てみましょう。メインらは、養育者がその外傷体験が過去の事実として統合されないまま、意識下の領域で維持され続けていればいるほど、その感情が予期せぬ形で、子どもとの関係において再活性化され、子どもとの不適切な関わりを招き、脅かすことになることを指摘しました。この養育者を里親や児童福祉施設職員と置き換えてみてはいかがでしょうか。被虐待児が「虐待的人間関係の再現傾向」によって、子どもを養育し支援をするケアワーカーを挑発し絡めとってこようとします。このような子どもに接するワーカーは不適切な関わりや対応にならないように、こうした子どもの行動の特徴を十分に理解するとともに、自分自身の過去の外傷体験（近親者などの喪失体験など、愛着に関連する過去のトラウマ体験）を整理しておくことが求められます。

この点に関して、以下二人の臨床心理学、臨床看護学の研究者の意見を紹介し、そのもつ意味を考えてみましょう。まず、田嶌誠一・九州大学大学院教授です。

ひとの「心の傷」というものは、程度の差はあれ、誰しも持っているものでしょう。それを前提としたうえですが、土井さんのご指摘のように、割合大きい心の傷というのは対人援助領域に関心がある人にしばしば見られると思われます。しかし、だからこそ傷をひきずっていない人にはとてもできないような活動ができるという面があります。

傷を生かしているわけです。そういうひとたちも少なくないと思います。また、その一方で、そういう人が陥りやすい難点もありえます。

里親家庭で虐待が起こっているのは大変残念なことです。このことは、どんな養育でもリスクがあるということを示しています。ですから、「自分だけは例外だとしない」姿勢が必要です。ＦＨも里親さんも起こりうるということを前提に、風通しのいい仕組みを作っていく必要があると思います。ＦＨも施設の二の舞にならないように、暴力・虐待を防ぐ仕組み、そして不幸にして起こったらすぐに発見して対応できる仕組みを作っていくことが必要だと思います。

次に、入江拓・聖隷クリストファー大学准教授の意見です。

土井さんが言われている反動形成のメカニズムしかり、心に傷を持っている人や共依存的関係に親和性が高い人に対人援助職が少なくないのは心理学の知見からは言い得ると思います。しかし、それらは無意識のところで起こっているからこそ、本人がそれを自覚し克服するには、多くの痛みと勇気と同時にサポートを必要とするでしょう。

そもそも人間は傷つけあいながら生きてゆく存在です。そのような弱さを誰しも抱えています。ですから、里親はその責任を果たすために、心理社会的にも物理的（経済的）

にも守られる必要性があるのです。そこが担保されてこそ、田嶌先生が言われる里親が抱える心の傷がプラスの意味で賜物として用いられると思います。

心の傷を問題やデメリット、ましてや欠陥としてのみとらえる発想ではなく、「この傷が自分を創った」「この傷があるからこそ今の自分がいる」というスタンスで、自分の傷を相対化することでむしろ安全にそれに向き合い、受けるべきサポートをためらわずに受け、コントロールする視座が得られるように思います。

こうした二人の意見を踏まえるとき、「心の傷」を養育・支援の場面で負の行動として顕在化させるのでなく、そうした外傷体験をプラスの行動や人間理解へと転化させることが必要でしょう。その意味で、心理士は教育分析を受けることやスーパービジョンの機会を保障されることが求められるでしょうし、里親や施設職員などのケアワーカーにおいても同様の機会を常にもつことが望まれます。特に職場環境においてケアワーカーが孤立することなく、支えられているという実感がもてるようなシステム作りが必要でしょう。

こうした養育実践の場面で支えられる関係やシステムに支えられるとき、アンナ・O嬢の人生（コラム参照）にみられるような、深く傷ついた人こそ大きな働きができるのであり、そのことを「生存者使命」とＪ・ハーマンは言ったのでしょう。

こらむ

生存者使命

「生存者使命を発見する」という文脈は、ブロイアーやS・フロイトがその著書で取り上げた、あの有名な患者であったアンナ・O嬢の存在を想い起こさずにはいられません。

アンナ・Oの実名はベルタ・パッペンハイム（一八五九〜一九三六）。一応の健康を回復したのち、ベルタは母とともにウィーンからフランクフルトに移り、一八八八年、二九歳からさまざまな社会活動に着手します。この地で、女性の権利に関する翻訳や戯曲を書いたほか、ユダヤ人孤児のための施設を開くなどの慈善活動、社会活動に携わるようになりました。一九〇四年には、ユダヤ人女性同盟を結成し、ユダヤ人の女性運動において指導的な役割を果たすようになります。彼女はドイツにおけるフェミニズムとソーシャルワークのパイオニアとみなされるようになりました。こうした功績を讃えて、第二次世界大戦後、ドイツ連邦共和国（旧西ドイツ）では肖像付の記念切手が発行されています。

3 日本における深刻な発達上の課題を抱える青少年の社会的自立を支援するケアシステム

本章では、深刻な発達上の課題をもつ青少年を受け入れ、その社会的自立に向けての支援を行っていく上で、児童養護施設での「システム形成型アプローチ」、同様に児童養護施設での「チーム対応・システム化アプローチ」、国立の児童自立支援施設である「武蔵野学院」での「処遇のユニバーサルデザイン化」の三つの実践について検討し、深刻な発達上の課題をもつ青少年への治療教育実践の課題を整理していきましょう。

◆児童養護施設における「システム形成型アプローチ」

九州大学の田嶌誠一教授は、学校でのいじめは不登校によって回避できる可能性があるが、児童養護施設の問題の深刻さは「徹底した逃げ場のなさ」にあり、生活の場での職員の暴力、特に児童間暴力は目に見えないことが多く、施設をあげての根絶の取り組みと発見された段階での即応体制を整えておくことの重要性を指摘しています。

田嶌さんはこうした児童福祉施設内の暴力に関して、従来から言われてきた職員による子どもへの暴力（職員暴力）だけでなく、子ども間暴力（児童間暴力）、子どもによる職員への暴力があり、潜在的暴力、顕在的暴力の形態と併せ、「二レベル三種の暴力」が存在すると述べています。

そして、田嶌さんは養護施設に関わる心理職にとっては、プレイセラピーや箱庭療法などの心理療法よりも、「安心・安全についてのアセスメント」がより重要であり、なによりの最優先課題であると指摘しています。

このように、田嶌さんは、「心の傷」をケアさえすれば暴力がなくなるという個別対応だけで問題解決に取り組むことには無理があるとし、外部との連携のもとに施設が安全の確保に全体で取り組むことを同時に求めています。こうした観点から、田嶌さんは「個と集団」という視点からのアプローチである包括的なシステム＝「システム形成型アプローチ」を提案しています。

とりわけ、年少児の目線に立った「安心で安全な生活」は切実なニーズであり、施設全体で取り組むべき最優先課題であるとし、具体的には以下のような安全委員会方式という提案を行っています。

田嶌さんが提唱し、二〇〇八（平成二〇）年一一月段階で全国七つの県、一四カ所の児童養護施設で実施されている安全委員会方式は、「児童養護施設における子どもの成長の力を引き出す土台を作るために『施設内暴力』の解決を図る」方式であるとされ、その具体的な内容は以下のように整理できます。

①力関係に差がある「身体への暴力」（含性暴力）を対象とする。
②安全委員会には、施設職員だけでなく児童相談所や学校関係者で構成する（一部含子ども）。
③外部委員が委員長または副委員長を務める。
④定期的に聞き取り調査と会議を行い、対応を協議し実行する。
⑤事件が起きたら緊急安全委員会を開催する。
⑥対応には四つのステップがある。一番目「厳重注意」、二番目「別室移動」、三番目「一時保護（を児童相談所に要請）」、四番目「退所（を児童相談所に要請）」。
⑦原則として暴力事件と結果の概要を入所児童に周知する。
⑧暴力を抑えることだけでなく、代わる行動の学習を援助し、「成長のエネルギー」を引き

出す。

田嶌さんはこの方式における指導上の要諦として、

①「指導の透明性」「指導の一貫性」の確保

②「ふりかえりと反省のための一時保護」の有効活用

が重要であると強調しています。

また、安全委員会方式の導入前に、

①導入前、立ち上げ集会後、立ち上げ後の三回パックの研修会開催

②安全委員会ネットワークへの参加を求め、個々の施設職員が孤立することなく認識を深め、一体となって施設内暴力廃絶に取り組む体制づくり

が必要としています。

そして、この方式の目標は、

①暴力を非暴力で抑える「関係の脱虐待化」

②暴力という行動の代わりに「言葉で言えるよう援助」することにあり、「被害児を守るだけでなく、加害児にも暴力を振るわないで生きていけるように援助していく方式」であると説明しています。

田嶌実践からの示唆

土井ホームの入所少年には過去において虐待やいじめなどの被害体験をもつとともに、少年犯罪や非行などの他害行為を行ってきた経験をもつ者が少なくありません。また、本ホームは、通常の里親養育が四人以内であるのに対して、五～六人という若干多人数の養育形態であり、しかも深刻な発達上の課題を抱える少年が多いだけに、安全・安心を保障し、暴力を非暴力で抑える「関係の脱虐待化」や「言語化への援助」という田嶌実践の視座から学ぶことは多いと考えられます。

なお、安全委員会の取り組みを行っている全国の児童養護施設や児童相談所のアンケートをみると、施設内暴力根絶に関して大きな前進がみられ、このようなエビデンスに基づく取り組みはさらに広がるものと思われます。

◆児童養護施設での「チーム対応・システム化アプローチ」

ストレスの高い環境での孤立は、ケアワーカーの消耗をもたらし、さまざまな問題を噴出させます。施設内虐待で崩壊状態になった児童養護施設の再建にあたった黒田邦夫さんは、以下のようにその取り組みを語っています。

二〇〇二（平成一四）年一〇月一六日の新聞各紙は、筑波愛児園における入所児童に対する権利侵害、虐待行為について一斉に報じました。同日付で、東京都福祉局長名で「児童養護施設筑波愛児園の運営改善について」が園側に交付され、一一月一一日には、茨城県が社会福祉法人筑波会に対し、「施設運営及び処遇に関する勧告」を行いました。

これらを受けて筑波会は、再建委員会を設置し、事実の解明及び改善計画の作成を進めました。施設長兼理事長は九月末の理事会で辞職し、保育士・指導員は主任など約半数が懲戒解雇、依願退職により一一月末に退職、理事会は総入れ替えとなりました。

黒田さんの施設長着任は、二〇〇三（平成一五）年二月一日であり、その後職員と一緒に取り組んだ施設を再生させる取り組みは、以下のようなものであったと述べています。

二つの課題

黒田さんが着任した当初、愛児園には、二つの負の遺産がありました。

一つは、職員の考え方に負の発想が残っていたことです。具体的には、職員の養護に関わる発想が、過去の運営形態に応じた考え方から抜けきれていないという問題です。

以前の運営体制下において、

・個人担当制で問題が起きれば「お前の責任だ」「お前が何とかしろ」と上長から叱責されつづけていたこと

・職員同士の話し合いが、禁じられていたこと

これらの事情から、職員は、

・何か問題が起きても、一人で抱え込み相談をしなくなっていた

・経験がなかったことから、協力して取り組む発想が出てこない

という状態にありました。これは、職員が経験を共有し、学びあうことが全く機能していないことでもありました。

二つめは、子どもたちのなかでの深刻ないじめ、力の支配という状態下にあったことです。二〇〇一（平成一三）年六月の東京都の調査は不十分なものではありましたが、その後、職員の体罰は公然とはできなくなっていました。一四年秋、職員の体罰が社会的な批判を浴びましたが、一四年だけを見れば、子ども同士の力の支配・いじめのほうが、ずっと深刻な悩み・苦しみであったと子どもたちは語っていました。

体罰による大人の管理が崩壊したことで、子どものなかではボスによる力の支配が極限に達しました。子どもたちには、年長児の目の色、意向の方が、職員より影響力があるものになっていました。職員に対し中学生男子が集団で暴行をしたり、子ども同士での村八分・無視・暴力などが横行していました。小学生は低学年に至るまで、より弱い子に八つ当たりをする、物を壊すといったことが日常茶飯事であったのです。職員が子どもを注意する、叱るようなことがあれば、他の子どもたちが押しかけて、職員を取り囲んで難癖を付けたりこづいたりして、問題を起こした子どもを助けるといったことが横行し、園内の生活はいわば「子どもたちのやりたい放題」になっていました。学校へ行かない子が小中学生の半数以上という日も珍しくなかったといいます。

子どもを抑圧していた職員がいなくなった後に残された職員たちには、子どもたちのやりたい放題、注意をすればへりくつや暴言を並べてごねる、それでも職員が引き下がらなければ物を壊す、八つ当たりをする、職員を殴る蹴るなどして暴れるといった、〝やり得〟〝ごね得〟〝暴れ得〟を押し通す「子どもたちの無法状態」は、手の付けられない状態になっていました。ほとんどの職員が、無力感に苛まれ、子どもの暴力におびえ、出勤しようとすると不安に襲われ勤務の継続を迷い、見通しをもてずにいました。

以上のことから課題は、
①職員が現状を乗り越える可能性を見いだせるようにすること
②荒んだ子どもの生活と心をおだやかにすること
の二つを同時に取り組むことでした。

子どもへの治療的関わり

筑波愛児園における長年の職員による不適切な養育は、入所している子どもたちの安全と安心を脅かし、大きな心理的ダメージを与え成長をゆがめてきました。施設内での不適切な養育並びに権利侵害が事件として発覚する以前より、子どもたちはさまざまな症状を「問題行動」として呈し、形を変えながら継続していると、黒田さんは当時をふりかえり語っています。

再建委員会設置直後の二〇〇二年一一月から、医師、心理学者といった子どもの心に関する専門家等からなる「心の支援委員会」が発足しました。子どもへの対応についてのスーパーバイザーを担当している委員は四名、職員のメンタルヘルスを担当する委員は一名です。

ほとんどの子どもに、自尊心の低下、意欲の低下、不登校、盗み、いじめ、暴力、不眠、自傷行為、不安、パニック、うそ、強い攻撃性、過剰な自己顕示、強い衝動性、大人の注意引きなど、いくつもの症状が見られました。言葉の遅れ、社会性の未熟さ、年齢不相応な幼さなどの成長のゆがみを生じている子も少なくなかったのです。

職員は、子どもの理解しがたい言動をどのように受け止め、どのように関わればよいのかを、心の支援委員から助言・指導をうけて取り組みを模索してきました。

黒田さんは職員体制の比較を行い、一人担当制、二人（ペア）担当制、三人グループ担当制、四人グループ担当制、それぞれの長所と欠点を検討しています。そして、黒田さんは〝グループ担当制での養護〟は、「共同での現状分析による共通した現状認識」に基づく「共通の方針による実践」が基本となるとしています。

そのためには、「みんなで話し合い、みんなで決めて、みんなで取り組む」というスタイルが土台となるのであり、別の時間、別の職員の取り組みでも、共通認識、共通方針に基づく連携した実践となるようにすることが重要としています。そして、システムとして機能する必要があるので、ある程度同じメンバーで時間をかけて、個々人がシステム（チームワーク）の共通基盤を熟成させることが求められると指摘しています。

権利侵害や不適切な関わりを生み出す子どもの見方、養護の考え方

“厳しさ”も愛情のうち	不適切な言葉や行為を子供のためと合理化する
言ってもわからない	子どもを理解する努力の不足、わかりやすいコミュニケーション方法の工夫不足
みんな同じだから	選択の余地を与えない
規則だから	管理の手段、考えない、説明できない

権利侵害、不適切な養護をする児童養護施設の構造的問題

施設運営	・決定過程が不透明、子どもや職員の意見が反映しない ・効率性、管理上の都合からの一律強制的な生活 ・密室性、社会との交流の制限（職員も子どもも） ・養護内容の検証をしない（自浄力が機能しない）
職員	・上意下達の指示命令系統 （上の者から身を守るのに気を遣う） ・管理を中心とした養護 ・マンネリ化したワンパターンの養護 ・個性、自分らしさを失う

創意と工夫にあふれた職員集団づくりの促進を

黒田さんは、不適切な養育を行うケアワーカーの見方と問題を起こす施設の構造的な特徴を、上の表のようにまとめています。

このような施設運営改善の取り組みにおける基本的視点は、以下の通りです。

①一緒に働いている連帯感を育てること

・仕事内容を公開する
・発言や参加の障害をなくす
・理念、考え方、実践方針を共有する
②職員間のコミュニケーションを活発にすること
・共通体験、感情を共有化
・個々人の積極面の情報を共有化
・職務外の交流活動の活性化
③協力、共同の取り組みを大切にすること
・協力し合える場をつくる
・自発的協力をマナー化
・感謝、認知をフィードバックする

その上で、黒田さんが取り組んだことは、運営組織の改革です。具体的には、施設改善の前提条件となる運営システムとルールの整備を先行させました。
・職員の基礎集団の会議を毎週定期的に行うこと

・各部署からの意見を集約し、議題整理、原案を作成する調整機関を設置すること
・職員会議を決定機関として位置づけ、みんなで決めること
・決めたことは、担当する部署が責任をもって実施すること

黒田実践が示唆するもの

黒田さんは、社会的批判を受けた施設の多くは、管理主義的、権威主義的な施設運営がなされていたという認識を述べ、自由で創造的な雰囲気の児童養護施設をつくるには、目的意識的な工夫が必要であると指摘しています。このような認識と取り組みは、児童養護施設の暴力根絶に取り組んでいる九州大学大学院の田嶌誠一教授の取り組みにも共通するものがあります。

ファミリーホームにおいても、主養育者一人と管理者一人、補助員一人の計三人の人件費が認められました。厚生労働省によれば、補助員は家事援助などを行うとされていますが、子どもケアサービスのチームの一員として位置付けていくことがより高い養育実践を行うことにつながると考えられます。

運営の透明性を確保し、関わる職員や子ども自身に参画を保障することは養護施設など児童福祉施設に限らず、里親でもファミリーホームでも共通の課題です。信頼と敬意に支えられ

た人間関係を基礎に置き、共通の認識と一貫した方針を共有する集団（夫婦、養育者と補助養育者、施設経営者と施設職員）によって築かれたシステムづくりが求められているといえましょう。

なお、イギリスでは専門性の高い里親は、ヘルス・アンド・ソーシャルケアの国家職業資格（ＮＶＱ）を有しており、非行など破壊的行動障害の青少年を預かる里親やグループホームでは、その困難さに応じた報酬体系がとられ、また非常に困難な少年の場合には、一人の少年に対して四人からなる職員チームが三交代で対応可能な人員配置が行われています。わが国でもこのような加配や加算が今後の課題と言えましょう。

◆国立武蔵野学院での「処遇のユニバーサルデザイン化」

武蔵野学院は一四歳未満の最も深刻な罪を犯した男子少年を受け入れる国立の児童自立支援施設であり、その一般処遇は初期、中期、後期という段階的処遇課程を採用しています。

初期は二週間の期間で、入所した少年はこの段階ではまず観察寮（三カ寮）で過ごし、生活のリズムを取り戻し、基本的な生活習慣を身につけることを目標とした取り組みが進められます。この段階では心理検査と面接や行動観察が行われ、中期の普通寮（五カ寮）での処遇の参考とされるとともに、精神科医の診察のための基本的な情報が収集されます。

中期は教務課管轄の普通寮に移り、入所少年たちは寮長夫妻と寝起きをともにしながら規則正しい生活を送ります。ちなみに、寮長家族は寮併設の職員宿舎で生活しており、全国的には児童自立支援施設は職員交代制が増える傾向があるのに対して、武蔵野学院は小舎夫婦制を守っています。中期の在寮期間は三カ月以内から二年以上と少年の処遇期間によって異なっています。後期には別に設けられた自活寮（一カ寮）で社会的自立への準備が行われます。

少年たちの平均在院期間は二〇〇七（平成一九）年度段階で一年九カ月であり、指導内容としては、以下の四領域で実施されています。

・生活指導（日常生活を通じた個別的、集団的指導）
・学科指導（学校教育、学院の教育指導）
・作業指導（農業、木工）
・部活動（七クラブ）

こうした処遇には実子を含めた夫婦職員が家族ぐるみで泊まり込んで対応しており、代替的家族的ケアの保障を通じた「育て直し」と「枠のある生活」という環境療法を基本にしつつ、それにTEACCHなどの発達障害の療育モデル・「構造化」を加味した実践であると考えられます。

強制的措置寮と閉鎖室

国立武蔵野学院は、医務課管轄の強制的措置寮と閉鎖室を有しています。医師や心理療法士、看護師などの医療・心理スタッフが常駐し、衝動統制が困難で自傷・他害行為の恐れのある少年は全面を厚いラバーで覆われ、二四時間監視カメラが作動している閉鎖室で保護されます。

この措置寮では、新入所少年を対象とする観察寮としての機能だけでなく、問題行動を起こした入所少年の処遇のための機能を有しており、その建物の構造は外からの音を遮断する設備が整い、部屋同士、子ども同士の声や雑音を防ぐ構造となっています。

このような環境のもと、普通寮に戻るまでの三週間を概ね一週間を区切りとする三段階にわけた処遇プランが作成されています。第一段階は刺激遮断、第二段階はロールレタリングや内観による内省（一日一五時間）と二時間おきの傾聴を内容とする教官面接、第三段階は復帰前の作業となっています。

普通の生活がもつ治療力と生活場面面接

同学院医務課長の富田拓医師は、原家族の混乱した価値観と生活を経験してきた少年たちにとっては、「普通の生活」そのものがきわめて治療的であるとし、保護者に傷つけられ、周囲の仲間との関係も支配・被支配の人間関係しかもてなかった少年には「穏やかな人間関係」、また、仮に対立したとしても「修復可能な人間関係を維持すること」が治療的な意味をもつとして、同施設における環境療法を紹介しています。

また、富田さんは、児童自立支援施設において職員の少年への働きかけがより効果的なのは問題行動の直後であり、その期を逃さずに、その行動が少年のもともと抱いていた問題性と密接に結びついていることに気づかせていく「生活場面面接」の有効性を指摘しています。

処遇のユニバーサルデザイン化

富田さんは、同学院での実践における「処遇のユニバーサルデザイン化」を提唱しています。それは、「処遇困難児の少なからぬ部分が発達障害を有している」ことを前提にして、「発達障害により、コミュニケーションの障害をもつ子どもにとってわかりやすい効果的な処遇は、障害のない子どもに対してもわかりやすい効果的な処遇である」ことを意味しています。
富田さんはこのような実践を以下のように紹介しています。
①発達障害や非行などの子どもたちに広く観察される「短期記憶の障害」「聴覚よりも視覚優位」という性質に配慮したかたちで、指示はできるだけ視覚的に提示し、肯定の形をとる。
②メタ認知能力の脆弱さや「反対類推の障害」を考慮して具体性を伴った指示をし、そうした指示は一つの文には一つだけの意味をもたせ、できるだけ単文で行う「ワンセンテンス・ワンミーニング」の原則を保持する。
③予定を柔軟に変更する「実行機能」の障害ゆえにパニックを起こしがちなため、あらかじめ日課表は視覚的に明示し、変更がある際にはできるだけ早めに伝えるなど、見通しを与えるように配慮する。
④推奨すべき行為はその場で褒めるとともに、視覚的にわかるように表にマークし、一定たまると「ごほうび」がもらえてランクが上がる「トークンエコノミー」の手法を応用する。

武蔵野学院の実践からの示唆

筆者は、二〇〇五（平成一七）年に同学院を参与観察しましたが、児童自立支援施設だけでなく、ファミリーホームも家族的環境（family environment）を保障する場です。それゆえに、「生活場面面接」なども活用しつつ、「普通の生活」がもつ治療的な機能をテコにして少年に働きかけること、さらに「処遇のユニバーサルデザイン化」を進め、少年に安全で見通しをもてる生活を保障しつつ、その発達を援助することを通じて、本ホームを「環境療法」の場として機能させることができると考えました。

こらむ

児童自立支援施設における深刻な課題を抱えた少年の比率

二〇〇二（平成一四）年に全国の児童自立支援施設を対象に実施された調査では、五七施設のうち三六施設が回答を寄せ、二〇〇〇（平成一二）年四月から二〇〇四（平成一六）年九月まで在籍した二〇六八人の児童のうち、二四九人（一二・〇％）に心理的あるいは精神医学的かかわりが必要であったと回答しました。報告書では、対象児童の多い施設では入所児童の四〇％、二九％、二四％に達する施設もあったとされますが、このなかには当然武蔵野学院が入っていると推測されます。なお、「強制的措置」は全国一二施設で行い得るという通達が生きていますが、現状は設備やスタッフ等の問題から国立二施設のみの実施となっています。

段階的処遇課程

武蔵野学園で採用している段階的処遇課程は、岡山成徳学校や福岡学園など一部の児童自立支援施設においても採用しているところがあります。福岡学園は、観察導入期、治療教育期、退園準備期という処遇課程を取っており、国立きぬ川学院は前期（三カ月）、中期（一年）、後期（四カ月）という段階的処遇課程を採用しています。なお、女子少年を収容する国立きぬ川学院は通常入所後すぐに普通寮に入ることになります。

④子ども支援の現場で求められることへのいくつかの提案

◆施設内虐待をめぐる問題

一九九五（平成七）年一二月、福岡県の児童養護施設の子どもたちが体罰を訴え、報道を通じて児童養護施設における施設内虐待は社会に広く知られるようになりました。一九九六（平成八年）四月、千葉県の児童養護施設の子どもたち一三名が集団脱走し、園長の虐待を訴えて裁判となり、さらに知られるようになりました。一九九九（平成一一）年九月、神奈川県の児童養護施設における児童虐待に対して、初めての改善勧告が出されました。

その後は、次々と改善勧告や改善命令が出されるようになり、二〇〇七（平成一九）年三月末現在、「親が育てられない子どもたちに家庭を！　里親連絡会」の調査によれば、八年間で約二六カ所の施設に対して改善勧告等が出されています。これは、日本の児童養護施設の四・七％に当たるものです。また、勧告等が出されないまでも、新聞報道などで施設内人権侵害が報じられた児童養護施設は七二カ所を上回り、日本の養護施設の一二・九％（一割以上）に当たります。

同様に、名古屋短期大学の野津牧准教授は、一九九三（平成五）年一月から二〇〇七（平成一九）年九月までの期間、児童養護施設七八施設、児童自立支援施設六施設、計八四施設において人権侵害等の不適切な対応が行われているという調査結果を二〇〇九（平成二一）年七月に報告しました。この数字は、児童養護施設総数五五八施設の一四・〇％、児童自立支援施設五八施設の一〇・三％を占めるものです。

一方、二〇〇二（平成一四）年一一月、栃木県宇都宮市で、養育里親が三歳の女の子を殴って死なせ、二〇〇九（平成二一）年一〇月には大阪市で養育里親が五歳の女の子に六カ月の重傷を負わせ逮捕されてしまいました。このように、社会的支援やつながりが乏しいケアワーカーが、密室で特別なニーズをもつ子どもと向き合うと、虐待が起きかねないことを承知しなければなりません。

なにより、このような家庭を離れ保護された子どもがさらに傷つくという二重の傷つきはあってはならないことはいうまでもありません。京都府立大学の津崎哲雄教授は、欧米ではどんな優れた施設でも虐待は起こりうるという前提で防止の努力をしていると述べています。いわゆる「福祉」的配慮のもとに、これまでフタをされてきたこのような事実を隠ぺいし続けるのでなく、「臨床の知」を結集し、「二重犠牲者化」の事態を生まない取り組みが求められています。

◆ケアワーカー・対人援助職に対しては

関西学院大学の才村純教授は、諸外国のソーシャルワーカーの担当件数がほぼ共通して二〇件前後であるのに対して、わが国の児童福祉司一人当たりの件数が平均一〇七件となっていることを紹介し、二〇〇五（平成一七）年の児童福祉法施行令の改正で、児童福祉司の配置基準が従前の「人口おおむね一〇～一三万人に一人」から「人口おおむね五～八万人に一人」に改められましたが、まだまだ「焼け石に水」という現状であることを指摘しました。

こうした背景には、児童相談所の相談種別業務において、心身障害相談一件に関わる業務量を一・〇とした場合、虐待相談は約一三倍の業務量であり、この虐待相談がこの一五年間で三〇倍以上に増えているにもかかわらず、児童福祉司の増員は二倍にもとどかず、多忙を極めているという現実があります。

東洋大学の高橋重宏教授らが、二〇〇二（平成一四）年に行った全国の児童福祉司のかかえるストレスに関する調査によれば、「情緒的消耗感」が高い児童福祉司が約半数、「脱人格化」（クライエントをモノのように扱ってしまう傾向）が高い児童福祉司が二割、「個人的達成感」が低い児童福祉司が七割を超えています。こうした結果、配置転換や休職に至った職員のいる児童相談所は三四％を数えています。

児童相談所でもこのような現状ですから、児童福祉施設におけるワーカーの疲弊や困難な子どもを養育している里親のバーンアウト（燃え尽き）の状況は容易に推測できます。

児童福祉施設が抱える問題の背景に、職員配置基準があります。児童福祉施設において国が定める職員配置基準は、児童福祉施設最低基準に記載されています。児童養護施設の場合、六歳以上の子どもは六人に対して職員が一人、三歳以上就学前が四人に対して一人、三歳未満が二人に対して一人となっています。八時間三交代、これに年休が入ってきますので、二〇人以上の子どもを一人の職員が面倒をみるということになります。

これは、職員にとっても、子どもにとっても過酷であり、職員の精神的な消耗や早期退職を生み、翻って子どもにとっても愛着形成が困難となる結果をもたらします。このような最低基準はすでに三〇年以上にわたって放置されたままで、事実上、最低基準が最高基準となっています。こうした劣悪な労働条件が場合によっては施設内虐待を誘発していると考えられます。

このような施設内虐待、特に児童間虐待という事実はかねてから児童福祉関係者の間では「常識」とされていましたが、いわゆる「福祉的配慮」によってフタをされてきた経緯があります。しかし、多発する施設内虐待を前に、厚生労働省は改正児童福祉法（二〇〇九年）において施設内での虐待行為や暴力事件を目撃するなどした施設職員に通告義務を課しました。

しかし、先に述べた職員配置などの基準を改善する努力がなされず、長年にわたって放置されているのは、児童福祉行政の大きな問題であると言わざるをえません。現在、その改善が検討されていますが、早期にそのあり方について具体的な改善が実現すること、すなわち支援する人を支援するシステムづくりが求められています。

このような現状を踏まえ、以下のような提案を行いたいと思います。

◆研修の機会の保障

子どものケアに関わる人は十分な研修を受ける機会を保障されるべきです。イギリスの社会福祉制度に詳しい矢部久美子さんは、この点に関して以下のように紹介しています。

イギリスの児童サービス従事者開発協議会では、里親が必要な知識や技能を身につけるための基準を設けています。それはまた研修やキャリア開発の枠組みにもなるものです。

同協議会の会長は「里親はしばしば最も扱いの難しい児童の養育に携わっているが、児童サービスのなかで誰よりも報酬は少なく、支援も十分でない。今回導入する基準は、里親委託者が里子養育の最初の二年間にきちんとした知識や技能の基盤を築くようにするだろう」と述べています。

同協議会では里親が基準を満たしているという証拠を提示できるようなワークブックも製作しています。ワークブックの審査は自治体の里親サービスや民間の里親サービス機関が行うことになっています。これによって正式な資格を受けることにはなりませんが、ヘルス・アンド・ソーシャルケアの国家職業資格（ＮＶＱ）に必要なユニットの一つとして数えられることになります。

また、ソーシャルワーカーという名称を使って仕事をする人は、みなソーシャルケア総合協議会に登録し、三年おきに更新することになっています。その更新申請手続きにあたっては、登録後に研修学習した最低九〇時間または一五日間の内容（Post-Registration Training and Learning）証明を提出しなければなりません。同協議会のＰＲＴＬガイドには調査やコース参加、観察実習など幅広い項目が含まれており、記録をつけていれば誰もが十分な時間を提出できるはずと指摘しています。

わが国でも、二〇〇八（平成二〇）年の児童福祉法改正にともなって、里親の研修が義務づけられました。したがって、児童養護にかかわる里親、ファミリーホーム運営者、施設職員、児童相談所児童福祉司は、研修や技能に関する基準にそって、更新時期までに所定の時間を研修することが保障されることが必要といえましょう。

もちろん、その研修は従来型の座学のみにとどまるのではなく、参加型のワークショップやピアサポート・ピアカウンセリングなどさまざまな技法が駆使されることが望ましいでしょう。

◆子どもを含めた自己決定の権利保障を

そして、このようなシステムづくりの過程においては、その決定過程が見えることとその過程にだれでもアクセスが可能なことが重要と考えます。こうしたプロセスを明示的に示し、参画の権利を保障することが極めて重要です。それは職員に限らず、子ども集団においてもそうです。土井ホームでは折々に「子ども会議」を開きます。そこで生活上のさまざまな問題が話し合われます。また、重大な人権侵害行為に関しても、子どもは自分自身の処遇に関して意見が求められます。つまり、暴力事件を起こした子どもに対して、自分自身の意見表明の権利と自己の身分に関する自己決定権が保障されています。「暴力行為を続ければここにはおれなくなることは知っているよネ。ひとを傷つけずにたすけあい、支えあって生きていくか、それとも暴力を続けてここにおれなくなるかどうかは、君の選択だよ」。こうした問いかけに子どもは説明責任と再犯防止責任を求められます。もちろん、子どもの発達上、十分に説明ができないこともあります。しかし、このような問いかけをすることによって、子ども集団に相互作用が生まれ、当人に代わって年長児が代弁することもあります。

仮に、暴力など逸脱行動がとまらず、別の児童福祉施設、少年院に措置されても、少年自身の内省がどれほど深まっているか、ホーム在住の大人や子どもたちの意見はどうか、この二点を基準に再度の受け入れが検討されます。そして、再入所の可否の結果はどうあれ、面会や差し入れは継続され、施設職員と連携した支援が重ねられます。このような主体的な自己選択の権利、自己決定権を保障し、だれにでもそのプロセスが透明化され、そのプロセスへのアクセスの方法が明示的に示されていることが重要だと考えます。

こうした取り組みによって、パターナリズム（父権主義―強い立場にあるものが、弱い立場にあるものに対して、後者の利益になるとして、その後者の意思に反してでも、その行動に介入・干渉することをいいます）を脱し、関係機関や同居少年たちとのパートナーシップによるエンパワメント型アプローチへと転換していくものと考えられます。

◆第三者評価の活用

すでに実施されている児童養護施設はもちろんですが、今後、第三者評価制度は自立援助ホームやファミリーホームにもその対象を拡大していくでしょう。里親を起点としたファミリーホームのみなさんには、家庭生活をモニター（監視）されるということは、心理的な抵抗があるかもしれません。

本来、家庭は私的空間（親密圏）であり、公権力の介在を許すべきでないと長く考えられてきました。しかし、虐待防止法やＤＶ防止法の成立はこうした垣根を取り払ったといえましょう。

そもそも社会的養護における里親とは、家庭という親密圏において「家庭を離れた子」を養育するという公共性の高い仕事です。親密圏という空間に公共性という機能が重なっているというのが、社会的養護の本質であり、この意味で養育者と国・行政は子どもの養育におけるイコールパートナーとなるのです。税の投入が行われる以上、ケアサービスの質を保つ上でサービスを監視・規制する仕組みが欠かせないといえましょう。

イギリスでも、ここ一〇年、その仕組みを構築する試行錯誤が続けられ、組織編制がありました。二〇〇七年四月より、ソーシャルケア監査委員会と教育基準事務局が行ってきた児童ケアサービスなどの監査を後者に一本化することになりました。これまで、前述二つの組織から監査を受けていた寄宿学校などは、同事務局による単一の監査ですむことになり、煩雑な事務の反復を避けることができるようになりました。同事務局は、児童ケアサービスに加えて、成人の学習、職業訓練コースなども管轄することになりました。

上記のようなイギリスの取り組みを考えると、わが国でもこれを積極的に受け止め、第三者評価の積極的な受審を通じて、ケアの質を向上させていくという姿勢が求められているように思えます。また、補助職員には家族以外の第三者を雇用する努力も必要でしょう。

このような姿勢こそ、施設内虐待の防止につながるだけでなく、家庭的養護という児童サービスが「私的行為」でなく、公共性のある行為であることをより明らかにすることでしょう。

◆まとめ

社会的養護の関係者には、家庭を離れ、傷ついた子どもたちを健やかに育て、社会的自立を果たすという具体的な養育モデルを社会に提示し、その上で必要な社会的負担を国民にお願いすることが求められていると考えています。国家財政がひっ迫するなかで、国民負担増加の圧力は増しています。そうしたなかで健全な養育や社会的自立への社会的コストに関して、具体的な提案をして、国民の納得を得る努力は欠かせません。

一九四九（昭和二四）年以来、基本的に変わっていない施設最低基準が実質上最高基準化し、これに規定された職員配置は慢性的な人手不足をもたらしており、こうした劣悪な環境で、職員も子どもも困難を強いられている現状は先に指摘しました。このような現状は放置してはなりません。

そもそも児童福祉施設の多くは個人的資産を投げ打って、子どもたちの保護を始めたという施設創設者の尊い志が出発点です。この尊い志を守るためにこそ変化をしなければなりません。変化、変革の意志こそ、福祉施設の出発点にある創始者の意志を守ることになります。

子どもは家庭で育つべきであることは論を待ちません。子ども時代を児童養護施設で過ごすことの是非はすでに科学的な検証はすんでいます。だからこそ諸外国では施設が廃止されたのです。二歳以前の時期を施設で過ごすことは、多くのチャウシェスクベビーを生んだルーマニアの例（一九八九年、ルーマニアではチャウシェスク大統領の独裁政権が崩壊した。人口倍増計画が推し進められていたため、深刻な食料不足に陥り、捨て子の数が約一〇万人と急増。養子縁組されて、ヨーロッパやアメリカへ渡っていった約五〇〇〇人の孤児の六〇％に行動障害や知能低下、歩行障害などが起きていた）をひくまでもなく、子どもに大きな心身の打撃を与えることは明らかです。乳児院では、すぐれたソーシャルワーカーを配置し、養子縁組里親や養育里親、あるいはファミリーホームなど、子どもに家庭を与える努力を払うべきでしょう。また、児童養護施設も将来的には子どもの生活の場所であることをやめるべきだと考えます。

しかし同時に、わが国の社会的養護の量的な受け皿を考えると、施設を現時点で直ちに廃止というわけにもいかないのも事実です。わが国の子どもケアサービスの質と量に関する現状を考えると、目標達成時期を定めた工程表をつくり、着実な改革を遂行していくことが求められています。具体例としては、旭児童ホーム（横浜市・定員四〇人）のように、施設本体に生活する子どもが八人、地域の分園八ホームにそれぞれ四人ずつという形態が当面採るべき望ましい形態でしょう。また、愛知の杉山登志郎医師の提言にあるような、学校併設の寄宿舎も子どもが地域社会から引き裂かれず、施設職員の雇用安定という意味で検討に値するといえましょう。

そして、将来的には、施設と里親、ＦＨが並立するのではなく、乳児院、児童養護施設を「地域基幹子育て支援センター」として転換させ、そのもとに里親・養育家庭やＦＨなどがぶら下がるという形態が望ましいと考えます。具体的には、児童相談所で保護された子どもは、鑑別と最初のケアを受けた後に、地域基幹子育て支援センターに配置された専門家やケアワーカーの手で「治療と教育」（療育）が行われます。このセンターでは最小限の経営ユニット、治療と教育のケア（キュア）ユニット、調整のためのソーシャルワークユニットで構成されます。

そして、里親支援機関、もしくはセンターのソーシャルワーカー（家庭支援専門相談員）の手で地域の里親やファミリーホームと子どものマッチングを行い、子どもは家庭へと移っていきます。子どもの養子縁組についてもパーマネンシーケアの観点から積極的に推進されます。

ソーシャルワーカーは、月に一回は子どもを訪問し、養育者や子どもと面会を行います。仮に、養育家庭やファミリーホームで子どもが問題行動を起こしたり、養育者と不調である場合には、センターで子どもと養育者の再度のケア（教育と訓練・相談）が行われます。場合によっては、イギリスのように里親やＦＨ運営者の国家資格制度導入の検討も行い、センターはそうした研修機能をもつことにもなります。また、原家族の親もここで子育て方法などの教育を受け、家族の再統合を図られます。

子どもたちは、このような社会全体から保護され、子どもの最善の利益や健やかな発達保障を最大限追求することは国民的課題であり、社会的養護関係者は、施設や職種の垣根を越えて議論を積み重ねる時期にきていると考えます。

おわりに

ソーシャルワークの観点から、多くの専門家と連携し、さまざまな社会資源を活用しつつ、心身に打撃を受けた子どもたちの回復を図ることから、私は「治療的里親」とよばれています。その営みはまず二度と傷つかないという安全感と見通しのある「環境」の提供に始まり、「行動」、「感情」、そして「認知」という順序にしたがって、子どもの回復を図るというものです。

なにより、子どもに対する治療的な努力の焦点は、子ども自身にとって安心できる支持的な養育の場を創り出すことにあります。安全な環境で安心が得られなければ、どのような治療的・教育的な関わりも効果をみせず、心身の回復につながらないことは間違いありません。そして、確かな大人による、継続的で一貫した応答こそ、子どもたちに気分と行動の安定を促し、衝動統制の学習を助けることになります。

そもそも子どもは大人に比べて、発達上その内面の葛藤や傷つきを言語化する力に弱さがあります。したがって、どうしても身体症状や非行などの行動化として表現しがちです。こうした言葉を奪われた青少年に対しては、二四時間の生活全体を通じて、子どもをホールディングし、安全感のある環境の提供と投げかけられた心のボールへの応答・キャッチボールを通じて、子どもの内面にみずからの行動をコントロールする力を育み、さまざまな悲しみや傷つきの体験を言語化させていくという基本的な方略が求められます。

このプロセスの最初の段階においては、「確かな大人」として基本的な生活習慣の習得の上でモデリングをさせ、奪われた生活を組み立てなおすことに取り組みます。そして、応答を繰り返すことによって、子ども自身に自己と他者への基本的な信頼感の回復をはかっていきます。こうした取り組みを通じて、子どもたちは心的外傷体験を精神症状や非行などの行動化ではなく、言葉によって表現することが可能になっていくのです。

ここで重要なことは、子ども同士の相互作用です。大人と子どもの縦線だけでなく、子ども同士の横線や斜め線も子どもの成長を支えるものです。暴力的な養育環境で育った子どもたちは、暴力的な関係性を取り込んでいることが少なくありません。したがって、このような子どもに「たすけあい、支えあう」関係性といったものがあることを学ばせることは重要な実践課題です。

なにより激しい虐待を受けた子どもは、外界や大人は自己を傷つけ侵襲するものとして受け止めています。このような認知を自己と他者への信頼へと置き換えることができたときに、社会的自立への準備は大きく前進します。

このような土井ホームにおける支援は、子どもがもつ特別のニーズに基づくものであり、こうした支援の「子どもモデル」は、「大人モデル」とは明らかに異なるものです。「子どもモデル」は間接的で暗示的な穏やかな回復モデルです。それと同時に、思春期の青少年の入所も少なくない土井ホームでは、その発達段階に応じて、「子どもモデル」や「大人モデル」との中間にある「思春期モデル」を活用し、支援にあたっています。

このような入所から社会的自立までの過程を十分に時間をかけ、急がずゆっくりと進んでいきます。ここでは援助計画が主人公ではなく、子ども自身の歩みを中心に据えられています。その点では、矯正教育と土井ホームの実践の違いは明らかです。

前者の実践の特徴は、概ね一〇カ月の期間における三段階に区分された「構造」であり、その実施は強制力を伴う剛構造であり、再犯防止と出院に向けた直線的な発展志向をもつ過程です。それに対して、土井ホームの実践は、代替的な家族ケアによる基本的な信頼感醸成を基盤とした柔構造である点であろうと思われます。とりわけ本ホームの場合、直線的な発展ではなく、ホームの退所と再入所の繰り返しも可能とする「行きつ戻りつ」の円環的な発展を示す過程であることが大きな違いであるでしょう。その意味で、私が実践する子ども支援とは、家庭という場で子どもとの絆を深めながら、関係性の回復と創造を通して、他律から社会律、そして自律へと発展していく子どもの確かな成長に関与していくことだといえましょう。

二〇〇八（平成二〇）年に刊行した前著では、子どもの症状や問題行動ごとに整理をしてみました。本書では、土井ホームの実践構造にしたがって整理を試みました。第1部は西日本新聞家庭ヒューマン欄掲載の第二三回から第六七回までの最終回を除いた四二回分の記事によるもので、それぞれに読者の理解を深めるために解説を付けました。

第2部は社会的養護や子ども臨床における援助職や関係者の皆さんへの提言として新たに書き下ろしたものをまとめとして示しました。

本書は二〇〇九（平成二一）年八月に刊行された『青少年の治療・教育的援助と自立支援』と対をなすものであり、それと同時に、二〇〇八年五月に発刊された『神様からの贈り物　里親土井ホームの子どもたち—希望と回復の物語』の続編という性質をもっていますので、併せて読んでいただければ、さらに理解が深まるものと存じます。

「近頃の若者は」という大人の嘆きは、古代エジプトや古事記の時代にもみられ、古今東西を問わないものです。それと同時に、時代の影響を色濃く反映しているのも事実です。子どもの問題は大人の問題であり、社会全体の問題でもあります。すなわち、私たち自身が問われているのです。その問いに対するヒントを本書に見出すことができれば幸いです。

なお、本文中に出てくる子どもの名前は実子を含めすべて仮名であり、複数の子どものエピソードを一つにしたり、時間軸をずらしたり、個人が特定されないように操作していることを申し添えます。

土井髙德

【著者紹介】

土井　高徳（どい・たかのり）

1954年福岡県北九州市生まれ。熊本大学法文学部卒業、北九州市立大学大学院博士後期課程修了。学術博士。土井ホーム代表。一般社団法人おかえり基金理事長。福岡県青少年育成課講師、京都府家庭支援総合センターアドバイザー、産業医科大学治験審査委員。

日本ファミリーホーム協議会副会長、全国社会福祉協議会福祉サービス第三者評価事業に関する評価基準等委員、北九州市立大学大学院非常勤講師、などを歴任。

困難をかかえる子どもの支援で全国的に知られ、その取り組みはNHK「九州沖縄インサイド」「福祉ネットワーク」「クローズアップ現代」、TV東京「おはスタ」「田勢康弘の週刊ニュース新書」やRKB毎日放送「今日感テレビ」で紹介され、全国の教育者・保護者から注目を浴びている。

2007年から西日本新聞で2年8カ月間67回連載したほか、小学館教育誌「edu」誌上で2年10カ月間「思春期edu」を連載し、大きな反響を呼んだ。ソロプチミスト日本財団から社会ボランティア賞、福岡キワニスクラブから第24回キワニス社会公益賞を受賞。

【著書】

『神様からの贈り物　里親土井ホームの子どもたち』(福村出版)

『青少年の治療・教育的援助と自立支援』(福村出版)

『ファミリーホーム開設・運営マニュアル』(福村出版)

『思春期の子に、本当に手を焼いたときの処方箋33』(小学館)

『ちょっとしたストレスを自分ではね返せる子の育て方』(青春出版社)

【論文】

「解離症状を抱える少年に対するグループホームの実践―環境療法を手がかりに―」日本生活指導学会紀要『生活指導研究』23号 2006年

「非行少年の加害者性と被害者性との統一を促す生活指導―ファミリーグループホームの実践―」日本司法福祉学会紀要『司法福祉学研究』6号 2006年

「激しい行動化と解離症状を示した少年に対する里親ファミリーホーム

の実践」日本児童学会紀要『児童研究』第85巻 2006年（児童健全育成推進財団第30回記念特別賞受賞論文）
「土井ホームの実践構造と少年たちの就労継続支援」大阪少年補導協会『月刊少年育成』631号 2008年
「子どもの人権―土井ホームの教育実践―」福岡県人権研究所『リベラシオン―人権研究ふくおか―』131号 2008年
「アスペルガー障害と診断された非行少年に対するグループホームの取り組み」日本生活指導学会紀要『生活指導研究』25号 2008年
「処遇困難な青少年の自立支援に関する一考察―リスクファクターによる類型化と入所理由別の処遇効果―」日本司法福祉学会紀要『司法福祉学研究』 8号 2008年
「回復の道を開く"食"―もうひとつの食育―」資生堂社会福祉事業財団『世界の児童と母性』66号 2009年
「深刻な発達上の課題を持つ青少年の社会的自立を支援する治療・教育実践―里親型グループホームでの実践を手がかりに―」（博士（学術）学位請求論文北九大院甲第42号）2009年
「広汎性発達障害の二次障害で、深刻な他害行為に及んだ少年への支援―ファミリーグループホームの実践―」『日本犯罪社会学会大会報告要旨集』2010年
「ドラマ"明日ママ"と子どもの人権」福岡県人権研究所『リベラシオン―人権研究ふくおか―』154号 2014年
「司法と福祉により大きな架け橋を―"おかえり"と迎える社会の家・土井ホームの挑戦―」日本刑事政策研究会『罪と罰』204号 2014年
「虐待・非行・発達障害・困難を抱えた子どもへの理解と支援」福岡県私学協会『平成26年度研修集録』2015年
「『おかえり』と迎えられる場所―衣食を充たしてつながる―」日本評論社『統合失調症のひろば』10号 2017年

【著者連絡先】

メールアドレス：takanori.doi@gmail.com
FAX　050-1134-9791

虐待・非行・発達障害
困難を抱える子どもへの理解と対応
――土井ファミリーホームの実践の記録――

2010年7月25日　初版第1刷発行
2018年1月25日　　　第5刷発行

著　者　　　土井　高徳
発行者　　　石井　昭男
発行所　　　福村出版株式会社
〒113-0034　東京都文京区湯島2-14-11
電話　03-5812-9702　FAX　03-5812-9705
https://www.fukumura.co.jp
印　刷　　シナノ印刷株式会社
製　本　　協栄製本株式会社

ISBN 978-4-571-42030-6　C3036
定価はカバーに表示してあります。
落丁・乱丁本はお取り替えいたします。